SURFER SA VIE

ISBN: 978-2-412-05102-3
Dépôt légal: avril 2020
Imprimé en France par NRIs.a.s. (2000861)
Correction: Judith Lévitan
Mise en page: Frédéric Voisin

Éditions First, un département d'Édi8
92, avenue de France
75013 Paris
France
Tél : 01 44 16 09 00
Fax : 01 44 16 09 01
Email : firstinfo@efirst.com
Site Internet : www.editionsfirst.fr

SURFER SA VIE

Traduit de l'anglais
par Emmanuel Plisson

FIRST
ÉDITIONS

Au-delà de la Terre, au-delà de l'Infini,
je cherchais à voir le Ciel et l'Enfer.
Une voix solennelle m'a dit :
« Le Ciel et l'Enfer sont en toi. »

OMAR KHAYYAM, RUBAIYAT

On cherche tous quelque chose,
Un moment *Aha*,
Mais tu sais,
Nous étions dans cet instant du *Aha*
Nous *étions* le *Aha*
Alors, nous avions le savoir
Et peu à peu nous nous sommes éloignés
De toutes ces choses.

LAIRD HAMILTON

SOMMAIRE

INTRODUCTION

Il serait tentant de railler Laird Hamilton. Certains ne s'en privent pas, hier comme aujourd'hui.

Controversé. Incorrigible. Radical. Visionnaire. Révolutionnaire. Insolent. Rebelle. Imprévisible. Insupportable.

Un jour, il a lancé qu'il était « prêt à prendre toutes les vagues », et qu'on n'avait pas intérêt à se trouver sur son chemin, parce que « les grands chiens mangent en premier ». C'est le début de sa légende, celle d'un maître au talent exceptionnel… mais pas particulièrement sympathique.

Jouer le personnage de Lance Buckhart, le *bad boy* de *North Shore*, film mythique de surfeurs des années 1980, n'a rien fait pour améliorer sa réputation.

Même les commentaires positifs à son sujet, y compris les plus admiratifs, semblent au final tendre à l'enfermer dans ce rôle.

Beaucoup le voient comme une « force de la nature » – le titre de son livre paru en 2008. Mais parlait-il vraiment de lui, et avec quel degré d'autodérision ? (En réalité, quand il se confie, Laird est d'une modestie étonnante.)

Reste que pour la plupart des gens qui le voient sur YouTube, qui lisent ou écoutent l'une de ses interviews, il n'apparaît que comme un produit typique et presque caricatural de la culture *big wave*, avec ses codes – musculation, diététique, et narcissisme bon enfant façon « la vague avant tout ».

Ça peut se comprendre. Sur Internet, on trouve bon nombre de citations portant son nom, qu'elles soient authentiques ou non.

Mais en réalité, la personnalité de Laird est beaucoup plus complexe. Ce serait une erreur de le cantonner à un rôle de surfeur parmi d'autres, de représentant d'un monde étranger à nos esprits de « Terriens » ou d'une sorte de Peter Pan de la vague.

Comme les vagues qu'il chevauche, Laird est, sous des dehors simples, d'une complexité étonnante.

Surfer sa vie est un petit voyage dans son monde, une approche de la vision de Laird, avec des observations décalées et riches d'enseignement pour apprendre à gérer les turbulences de la vie – la plus gigantesque des vagues que nous ayons à surfer – en faisant appel à nos propres ressources, aux créatures brillantes que nous sommes plutôt qu'à ce que nous rêvons d'être.

Force of nature, son premier livre, montrait Laird sous les traits de *he e'enalu* – « celui qui glisse sur les vagues » ; il surfait à la surface de sa vie, de son style, de sa légende. *Surfer sa vie* se veut le *foil* – l'aileron qui tranche la vague pour se connecter à son énergie interne – pour aller plus loin, et plus profond, dans la connaissance de l'extraordinaire créature qu'est Laird Hamilton.

Quand nous parlons de « créature brillante » ou « extraordinaire », ce n'est pas seulement pour désigner cet immense surfeur, mais ce que nous sommes quand nous atteignons le meilleur de nous-mêmes. Laird, en effet, considère que chacun de nous possède en lui cette brillance, que nous ne faisons que commencer à découvrir l'immense potentiel de l'organisme humain.

Au niveau élémentaire de notre espèce, au-delà du superflu et de l'inutile, on trouve un mélange extrêmement sophistiqué et parfaitement équilibré de force physique, d'intelligence, d'émotion et d'intuition, à la fois du point de vue conscient et inconscient. Il y a dans l'être humain une lumière qu'aucune autre espèce ne peut égaler.

Dans ses conférences pour un jeune public, Laird pousse les enfants à se connecter à ces capacités uniques, à se percevoir comme des créatures brillantes.

Vous pouvez courir, nager, plonger, voler.
Vous êtes extraordinaires. Il y a en chacun de vous
un potentiel inexploré que vous n'imaginez même pas.

LAIRD HAMILTON

C'est aussi ce que veut montrer *Surfer sa vie.*

Aujourd'hui, le monde semble chercher le bonheur dans Internet et les ouvrages de développement personnel – chacun de nous, chaque jour, tente de se connecter à l'être éclairé qu'il rêve de devenir. Laird, au contraire, nous dit de faire confiance à notre organisme primitif, à la créature brillante que nous sommes – d'ouvrir quelques portes, de retrouver certains mécanismes génétiques, et d'aller chercher en nous et pour nous.

Surfer sa vie ne rejette pas pour autant la quête spirituelle ; ce livre veut simplement montrer, à travers Laird, comment on peut atteindre tout son potentiel en partant de nos capacités physiques.

Voilà notre principe : on commence par le début. On s'occupe de son organisme, pour qu'il soit à son niveau optimum. On construit des fondations grâce auxquelles on va pouvoir chercher ensuite l'élévation ou l'illumination dont on rêve.

Et au cœur de ces fondations, il y a le *mouvement* – faire du sport, rester en forme, évoluer… Bref, on se bouge et on *fait* quelque chose. Le mouvement est une part essentielle de notre œuvre : pour penser, on doit d'abord bouger.

Nous sommes construits pour le mouvement. C'est lui qui nous définit en tant que créatures.

Quand on cesse de bouger, on perd l'élan vital. On oublie notre moi profond. Nos pensées commencent à l'emporter sur nos actes, et ce n'est pas toujours une bonne chose.

Moins de pensées, plus d'action. Voilà comment on évolue et on continue à évoluer, à grandir.

Nous parlons ici de mouvement dans toutes ses acceptions – physique, intellectuelle, émotionnelle et spirituelle. C'est ce que disait l'immense George Clinton avec son mythique groupe funk, Parliament-Funkadelic : « *Free you mind and your ass will follow* », Libère ton esprit et ton cul bougera de lui-même.

Aujourd'hui, nos cerveaux sont sollicités sans cesse. Ils sont occupés, toujours, tout le temps, envahis par un raz-de-marée de stimuli. Nous sommes accros à nos écrans, consommant toujours davantage au buffet gratuit des téraoctets, des réseaux sociaux et du moi connecté.

La technologie a créé en nous une nouvelle couche de conscience numérique, qui agrandit et amplifie presque tous les aspects de notre vie ; mais, dans une certaine mesure, cette conscience nous emprisonne. Elle est devenue une barrière entre nous et la créature brillante que nous sommes.

Voilà l'histoire du développement de notre espèce : nous avons toujours mis des barrières entre nous et le monde dans lequel nous évoluons – des abris, des toits, des murs, des fenêtres, de la chaleur. Autant de carapaces supplémentaires, de couches de peau artificielles.

Nos inventions et innovations permanentes ont fait de nous les maîtres de la planète.

Et au cours des derniers millénaires, nos esprits sont passés en mode *overdrive*, avec les technologies du langage, de la mécanique, de l'ingénierie, de l'imprimerie ; des images, fixes puis animées ; des communications ; et, à présent, des environnements numériques, des réseaux et de l'intelligence artificielle qui continuent à développer l'idée de l'évolution humaine et à répandre l'idée d'un homme meilleur et plus civilisé.

Et la conscience ?

C'est par le progrès technologique que notre espèce s'est détachée des autres. Mais le progrès nous rend aussi paresseux. Grâce à lui, nous sommes passés d'une existence brève et pénible à une espérance de vie bien plus longue et à des conditions bien plus agréables, voire luxueuses. Mais avec le luxe viennent l'indolence, puis l'inertie.

Nous nous servons de la technologie pour trouver la voie de moindre résistance, à la recherche d'un « monde sans friction ».

Mais nous avons besoin de friction et de résistance. C'est grâce à elles que l'humain évolue. Elles nous font progresser, et nous devons les garder vivantes en nous.

L'objectif de Laird, c'est de créer des frictions. De mettre l'organisme à rude épreuve.

Gabby Reece, son épouse, va plus loin. Pour elle, non seulement Laird a besoin de friction pour exister : il *est* la friction. C'est ce qu'il apporte au monde qui l'entoure.

La formation XPT (*Extreme Performance Training* - entraînement de performances extrêmes) qu'ils ont mise au point ensemble consiste entièrement à créer du stress physique, mental et spirituel chez les participants, pour les emmener plus loin.

C'est ce qui définit Laird, qui a passé sa vie à dépasser ses limites, à aller plus loin. À commencer par son physique.

Son corps est une véritable carte des blessures, qui retrace l'histoire de sa vie : il n'a jamais cessé de mettre son organisme sous pression, de le pousser au-delà de ce dont il semble capable.

Et à tous ceux qui lui posent la question, il répond qu'au cœur même de cette philosophie de vie se trouve le mouvement.

Le mouvement – de nos corps, nos esprits, nos émotions – donne sa forme à notre vie.

C'est aussi le mouvement qui conditionne la façon dont on cicatrise : on guérit plus vite quand on bouge. Même quand chaque parcelle de notre corps nous hurle : « Non, pas maintenant, ça fait mal ! », nous sommes conçus pour guérir par le mouvement.

Quand le monde nous était hostile, quand le danger était partout, nous n'avions pas le choix de l'inertie. C'est ainsi que nous avons développé la capacité de nous soigner en bougeant – parce que ne pas bouger, c'était mourir.

En parlant de capacités : celle qui nous caractérise par-dessus tout est la volonté de survivre. Elle fait partie de notre programme génétique. Survivre le plus longtemps possible pour multiplier le pool génétique chaque fois que nous en avons l'occasion. Tous nos mécanismes de fonctionnement, et nombre de nos capacités, proviennent de cette volonté originelle et organique de rester en vie.

Avant notre âge d'or, le genre humain a passé des millions d'années à parfaire son organisme au contact de la nature – pour survivre.

Surfer sa vie vous propose de vous libérer, même temporairement, de l'emprise du mental et de cette ère de l'information toute-puissante. Bref, de vous bouger les fesses – dans n'importe quelle direction, de la façon qui vous va et le temps qui vous convient, mais de les bouger.

Intelligence naturelle

Le but de ce livre n'est pas pour autant de rejeter les avancées humaines.

La technologie telle qu'on la connaît aujourd'hui est une chose extraordinaire. Les réseaux sociaux et l'hyperconnexion transforment l'existence humaine, entraînant des changements de paradigme culturels et sociaux.

C'est grâce à la technologie que des sociétés entières se libèrent de la pauvreté et que des hommes et des femmes du monde entier réalisent des prouesses. Elle change le visage de la démocratie en lui permettant de se réinventer pour défier et combattre des régimes tyranniques. Elle accélère la compréhension, l'innovation et les progrès dans le domaine de la santé, avec par exemple l'utilisation d'intelligences artificielles (IA) et des *big data* dans la recherche génomique et d'autres disciplines.

La technologie, toujours elle, permet de meilleures récoltes ainsi que des innovations dans le domaine alimentaire et nutritionnel. Bref, elle est merveilleuse.

Mais les IA et les machines sont en train de bouleverser le monde tel que nous le connaissons. Elles remplacent les tâches fastidieuses, accomplies jusque-là par des millions de personnes différentes, par des algorithmes intelligents et évolutifs qui « pensent » par eux-mêmes.

Pour les programmateurs, les spécialistes du code et les créateurs, ces technologies sont fantastiques. Pour le citoyen lambda qui jusque-là effectuait tranquillement sa tâche dans un bureau, elles sont terrifiantes.

La nature évolutive et toujours accélérée de l'IA crée pour nombre d'entre nous une crise d'identité. Nous perdons peu à peu de vue ce que signifie le fait d'être humain. Face aux machines que nous avons créées et à leurs capacités toujours plus immenses, notre anxiété ne peut que croître.

Et tandis que la science-fiction devient réalité, au moment où les « bots » et autres intelligences artificielles menacent de nous remplacer, nous nous demandons quel est notre rôle sur terre.

Notre identité humaine est en crise ; nous avons peur de perdre de vue notre humanité, de perdre le combat contre les machines et d'être remplacés par des algorithmes. Nous perdons notre confiance en nous-mêmes en tant que créatures.

C'est au cœur de ce doute, de cette perte de foi, que *Surfer sa vie* nous interpelle ; il se veut un contrepoint à la culture contemporaine, pour nous rappeler à sa modeste façon ce que c'est d'être humain – radicalement humain, depuis le corps lui-même.

Dans cette lutte pour décider si nous allons rester comme nos ancêtres ou devenir des « répliquants », ce livre pose des jalons, nous montre la voie. Laird y explore ses propres sentiments sur le fait d'être humain – au sens le plus littéral du terme – et, en cela, il éclaire ce qui gît au cœur de nous : un kaléidoscope de capacités et de compétences fabuleuses issues de millénaires d'évolution, que nous laissons trop souvent en friche ; une intelligence innée qui nous pousse à accomplir des choses extraordinaires.

Surfer sa vie veut rappeler à chacun de nous que son « moi primitif » est toujours là, en pleine forme et en ordre de marche.

Sans nous en rendre compte, nous passons en permanence de notre moi conscient à notre moi inconscient. Que ce soit dans un embouteillage, en réunion, devant un film, au lit ou dans un parc d'attractions, nous passons sans cesse des aspects les plus anciens aux évolutions les plus récentes de l'organisme, en constante évolution que nous sommes.

Et c'est ce qui fait que nous sommes extraordinaires.

Pour autant, il n'est pas nécessaire d'accomplir des exploits pour retrouver ces facultés profondes et parfois endormies. Nous n'avons pas forcément besoin de chevaucher une vague géante, de plonger du haut d'une falaise ou de sauter en parachute. Il y a bien des façons de les invoquer.

Dans le monde de Laird, ces capacités sont des filons de minerais précieux qui n'attendent que d'être explorés pour apporter à nos vies des richesses insoupçonnées, des récompenses que nous n'osions espérer.

En contactant la créature brillante que nous sommes, nous devenons plus résilients. Nous rééquilibrons le conscient et l'inconscient pour mieux « surfer » les rouleaux de la vie. Et nous nous souvenons que, loin d'être le supercalculateur fait de protéines que certains savants imaginent, nous sommes des êtres réellement extraordinaires.

Pour Laird, tout en cherchant à mieux comprendre cette créature-là, nous devons avant tout nous souvenir que nous sommes profondément liés à la nature au cœur de laquelle nous avons évolué

– et aux êtres vivants avec qui nous partageons cette planète – d'une façon qui va bien au-delà de la compréhension scientifique.

Souvenons-nous que le mystère et l'émerveillement sont deux des plus grands moteurs d'évolution de l'humanité – car ce sont eux qui nous poussent à aller *au-delà* de nous-mêmes.

Souvenons-nous de ce que c'est d'être pleinement humain.

Entre deux mondes

Vous pensez que le mysticisme des Anciens est mort ? Ça se comprend. On peut avoir l'impression que la spiritualité à l'ancienne, qui cherche à percer les relations entre les mondes physique et métaphysique, devient de plus en plus inutile. La Raison l'a emporté, l'hémisphère gauche conditionne tout.

Des théoriciens comme Richard Dawkins ou Stephen Hawking, maîtres du raisonnement et chantres de la science, sont les voix dominantes dans les débats. Et, à en croire les apparences, cette prédominance du cerveau rationnel a laissé sur la touche les tenant du cerveau droit – ceux qui, quelque part dans une bibliothèque, continuent à consulter des textes rendus obsolètes par le big bang des ordinateurs, les progrès de la science, l'accélération de la technologie et le raz-de-marée des big data.

Laird, lui, ne méprise pas l'inconnu. Pas plus qu'il ne se contente du connu.

Laird aime la science – c'est un vrai geek. En véritable « ingénieur de vie », il adore regarder sous le capot des choses, et de lui-même en particulier, pour mieux comprendre les mécanismes qui guident le monde.

Mais c'est là que réside sa vraie contradiction ; car si Laird ne verse pas dans la spiritualité à tous crins, il croit qu'il existe quelque chose de plus grand que lui – et que c'est très bien.

En bon natif d'Hawaii, élevé dans la religion chrétienne, Laird navigue confortablement entre le connu et l'inconnu. Il est à la fois un mystique et le geek capable d'inventer et dessiner un aileron aérodynamique.

Il y a beaucoup à comprendre du rapport entre le Laird physique et le Laird métaphysique.

Laird Hamilton est aussi issu du christianisme. Pour lui, les Paraboles peuvent guider nos actions, notre morale, notre éthique. Ce qui lui plaît, c'est qu'il s'agit de textes « d'action », de mots à mettre en pratique. Ils rappellent en cela cette notion hawaïenne de « l'action consciente » – une façon d'apprendre, par des leçons simples et pragmatiques, à traiter toutes les choses avec considération et conscience.

Pour autant, Laird n'est pas dogmatique. Ses croyances, il les porte avec légèreté, et sa foi se mêle avec bonheur à d'autres concepts et croyances qui, pour lui, sont aussi intéressantes et justes.

Le seul impératif pour lui, c'est d'être *connecté à tout*. Bien au-delà des smartphones, des programmes, des réseaux, c'est cette connexion au monde qui définit sa philosophie.

Punk et rebelle

L'enfance de Laird n'a pas été un long fleuve tranquille.

Il n'a pas connu son père biologique, et sa mère, une figure du mouvement de la contre-culture, a tourné le dos à la « bonne société » pour s'immerger avec son fils dans le mouvement le plus radical de l'époque : celui du surf.

Les Hawaïens ont un système qui s'appelle *hānai* ;
cela signifie « adoption ». Il s'agit d'accueillir quelqu'un
chez soi et de le traiter comme un membre de la famille.
La famille de ma femme l'a pris sous son aile
pour lui donner une éducation de base,
lui apprendre à survivre, et il en avait besoin.
Il avait quelque chose de spécial, ça se voyait.

COPPIN COLBURN
Ami de la famille Hamilton

Lorsqu'il débarque sur l'île avec sa peau blanche et ses cheveux blonds, Laird est un étranger ; à la fin des années soixante et au début des années soixante-dix, la culture hawaïenne est en plein essor, retrouvant ses racines pour mieux se renouveler. Et on lui fait très clairement sentir que les *ha'ole* (les étrangers, littéralement « ceux qui sont dépourvus du *ha* » – le souffle de vie) ne sont pas les bienvenus. Il se fait souvent brutaliser.

Je rêvais souvent que je me transformais
en guerrier hawaïen géant – mais au réveil,
j'étais encore ce blondinet tout maigre.

LAIRD HAMILTON

Pour mettre un terme au harcèlement, il décide, comme on s'en doute, de défier la plus grande force – l'océan – et d'endosser le rôle vénéré du surfeur. Mais cela demande une volonté sans faille et la capacité à faire la sourde oreille face au bon sens et à l'ordre établi.

Quelque part au fond de Laird se trouve un rebelle, un combattant qui ne demande qu'à être libéré. En se lançant dans le surf, il commet un véritable acte de désobéissance face à la culture dominante. C'est ainsi qu'il se forge une vraie identité en tant qu'Hawaïen.

La désobéissance est la vraie fondation de la liberté – celui qui obéit est un esclave.

HENRY DAVID THOREAU
De la désobéissance civile

Si Laird cite souvent Thoreau, ce n'est pas pour épater la galerie, pas plus que pour minimiser les immenses exploits qu'il a dû accomplir pour s'affirmer et sortir de sa condition. La désobéissance reste la boussole grâce à laquelle il mène son existence – c'est son mode de vie. C'est ce qui lui a valu des problèmes depuis tout petit. Et plus il se trouve en difficulté, plus il se tourne vers la mer.

C’est l’endroit où je pouvais m’évader.
L’océan, c’était l’égalité.
Les problèmes, c’était sur la terre ferme.

LAIRD HAMILTON

Car avec l’arrivée de son beau-père, Bill Hamilton, les ennuis ne font qu’empirer.

Le nouvel « homme de la maison » se révèle en effet un éducateur à la main leste, bien décidé à faire régner la discipline, quitte à punir de plus en plus sévèrement le garçon retors.

Mais celui-ci n’en a cure ; les marques de coups sont pour lui des titres de gloire, ceux d’un rebelle en lutte contre l’ordre établi.

Pourtant, en discutant avec Laird, on prend conscience que son côté punk et rebelle n’est pas juste une conséquence des persécutions des indigènes et des raclées prodiguées par son beau-père. Sans s’en rendre compte, peut-être, il est un pur produit de la culture dans laquelle il a grandi.

Vivre sur une île, c’est toujours rêver d’aller « au-delà » (un des mots préférés de Laird, évidemment). Dans un texte de 2003 au sujet des îliens, Marie-Louise Anderson l’explique ainsi :

Les limites des îles invitent à la transgression ;
elles donnent la bougeotte, elles attendent
qu'on les bouscule, elles contraignent leurs habitants
à « explorer l'inconnu, voire à s'y réfugier ».

MARIE-LOUISE ANDERSON
Norfolk Island – Wink Travel Guide

C'est ce besoin de transgression, d'*au-delà*, que l'on retrouve au cœur de la volonté permanente d'innovation chez Laird. Il a un besoin quasi pathologique de chercher la petite bête, d'aller toujours plus loin – une curiosité enfantine qui ne semble que s'accroître avec les années.

Il a toujours fait des trucs pas vraiment normaux.
Un jour, il est arrivé avec des bandes Velcro sur son surf,
et des chaussures avec des semelles en Velcro.
On l'a regardé, genre « Qu'est-ce qui te prend ? »
Et puis il s'est lancé dans la vague, il a fait son take-off et,
avec le pied sur le Velcro, il a carrément décollé.
Il s'est cassé la figure. On s'est dit qu'il était dingue.
Laird a toujours été un innovateur.
Chaque fois, il va un peu plus loin que les autres.

TERRY CHUNG
Ami et partenaire de *foil* de Laird

Avec Laird, rien n'est absolu, et l'échec engendre le succès. C'est parce qu'on critiquait sa capacité à prendre une vague « trop facile » et à la surfer qu'il s'est posé la question « Alors, comment puis-je faire ? »… et qu'il a innové avec le *foil*.

Ohana

Ce terme est souvent utilisé dans ces pages pour évoquer les pensées, les opinions et les recherches de Laird et de Gabby.

Ohana, c'est le terme hawaïen pour la famille, un concept central dans la culture et la société de l'île.

Dans la culture hawaïenne, tous les gens sont considérés comme frères et sœurs, et ils sont liés entre eux par ce sentiment collectif, quelle que soit leur proximité.

Ohana, c'est une famille qui va bien au-delà des liens du sang ; elle s'étend aux étrangers et aux êtres fantastiques, comme les dieux familiaux (*aumakua*).

Cette *ohana* est à la base d'une culture de la solidarité dans la responsabilité et l'action – une capacité à collaborer qui caractérise les Polynésiens, et qui leur confère une âme de pionniers. C'est elle qui les a poussés à explorer le Pacifique.

L'*ohana* (famille) ancestrale a permis aux explorateurs polynésiens de s'aventurer dans des contrées inconnues ; c'est grâce à cette *ohana* maritime qu'ils ont pu parcourir des milliers de kilomètres sur de simples canoës, car elle est en lien avec la nature et avec les dieux. L'*ohana* confère un sentiment de sécurité, car il n'y a pas de barrière entre le monde spirituel et culturel. L'Hawaïen n'est jamais séparé de son créateur ni de ses ancêtres, car dieux et demi-dieux se manifestent en toutes choses – dans le ciel, sur la terre et en mer.

CECILIA KAPUA LINDO
The Spirit Of 'Ohana And The Polynesian Voyagers
(*L'esprit de l'ohana et les explorateurs polynésiens*, non traduit)

Ce concept est très présent dans les relations que Laird et Gabby entretiennent avec le monde.

Dans ce livre, nous voulons montrer que l'esprit de l'ohana est au cœur même du réseau de collaboration et d'intérêt que Laird et Gabby créent autour d'eux ; il est central dans le « contrat de soin » qu'ils forgent dans des initiatives comme le XPT. Pour nous, c'est bien l'*ohana* qui guide la quête d'innovation permanente de Laird – et l'esprit des équipes qu'il rassemble dans ce but – tout comme il contribue à son lien profond à la nature et à sa responsabilité envers elle.

La coopération vient en grande partie
du respect dû à la famille élargie (*ohana*).
Et les Hawaïens pensent qu'ils ont un lien
aussi bien généalogique que spirituel
avec Mère Nature et ce qu'elle leur offre.

PHENG, MENG, KAUR, LEE & JEFFREY
The Lionhearts of the Pacific (*Cœurs de lion du Pacifique*, non traduit)

S'il y a une notion qui mérite d'être explorée avec Laird et Gabby, c'est bien l'*ohana* – ce sentiment profond d'un lien qui les relie l'un à l'autre ainsi qu'au monde extérieur.

La force des rêves

Assure-toi que tes rêves soient plus grands que tes souvenirs.

LAIRD HAMILTON

Voilà un « lairdisme » qui paraît simple au premier abord, mais qui contient au fond tout ce qu'il y a à savoir pour comprendre Laird. Car pour qui s'en donne la peine, il y a beaucoup à en tirer. Au-delà des petites phrases incisives et des vidéos YouTube,

Surfer sa vie veut « lire entre les lignes » de Laird, découvrir les nuances et les détails qui s'y cachent.

Pourquoi ? Parce que les auteurs de ce livre croient sincèrement qu'on peut y puiser une vraie sagesse, un chemin de vie pour qui veut « surfer la vie ».

Les cinq piliers

Pour savoir à quoi sert ce livre, il faut aussi dire ce qu'il n'est pas.

Surfer sa vie n'est pas un manuel d'exercices ou une méthode de fitness, l'équivalent sur papier de l'entraînement XPT de Laird, pas plus qu'un ouvrage de référence sur son alimentation ou son hygiène de vie.

Surfer sa vie n'est pas un long article sur la vie en mode « *surf and sea* » de Laird, pas plus qu'une dissertation sur le surf *foil*.

Notre objectif est d'aller substantiellement plus loin, d'entrer dans la tête de Laird pour découvrir comment il est parvenu à dompter son esprit rebelle pour créer au lieu de détruire – et fonder, en particulier, une vie pour lui et pour sa famille.

Surfer sa vie s'adresse à tous les lecteurs – de ceux qui cherchent l'inspiration et la compréhension de la complexité humaine, peut-être pour pouvoir l'utiliser à des fins extraordinaires, à ceux qui, coincés dans leur vie « sur la terre ferme », rêvent d'un autre équilibre et de nouvelles perspectives.

Mais pour être plus précis, l'âge de Laird dessine un cœur de cible : car à cinquante-quatre ans, bon pied bon œil, il peut envisager sereinement un autre demi-siècle au meilleur de sa forme ; et ceux qui avoisinent cet âge-là trouveront dans ces pages une invitation à faire comme lui.

On trouve donc dans *Surfer sa vie* cinq piliers : « La mort et la peur », « Le cœur », « Le corps », « L'âme », et le chapitre « Tout est connecté » ; cinq piliers d'une sagesse qui relie la science et la psyché de Laird, à travers l'océan.

En naviguant entre ces piliers, on trouvera aussi des actions – des sortes d'exercice qui permettent de nourrir chaque jour la créature brillante qu'on a en soi, et que l'on peut appliquer partout et tout le temps.

Surfer sa vie explore les fils que Laird entremêle, la façon dont sa vision du monde et son mode de vie se connectent pour lui permettre de surfer l'existence et, malgré toutes ses réussites, de continuer à rêver.

Car les rêves sont universels. Et, aujourd'hui plus que jamais, nous devons rêver autant que possible.

Entrepreneur aux pieds nus

On trouvera aussi dans ces pages des réflexions sur l'impact commercial de ces cinq piliers.

Les magazines ne tarissent pas d'exemples de cadres qui, pour trouver la clarté et l'équilibre dans leur vie, se lancent dans la pratique de sports extrêmes et d'activités à haut risque. Il est donc intéressant de renverser cette perspective en montrant comment un athlète de l'extrême comme Laird gère la pression et les défis de sa carrière d'entrepreneur.

On se rend bien compte aujourd'hui qu'il y a un lien entre nos comportements et les actions des entreprises – et que ce lien influe sur notre bien-être et notre environnement. Qui de plus éclairé que Laird pour en parler ?

La rubrique « Entrepreneur aux pieds nus » explore comment Laird et Gabby ont créé ensemble leur affaire, comment ils la gèrent et la philosophie qui les guide.

De l'honnêteté avant tout

Ce livre se base sur une série d'entretiens avec Laird, d'abord à Malibu, où il réside et propose ses cours XPT, puis à Kaua'i, sa demeure spirituelle.

Nous y avons exploré la vision du monde de Laird, pilier par pilier. Le ton de ces pages, tout comme son contenu, se veut celui de Laird.

Laird a une règle de base dans la vie : *l'honnêteté brute*. Toujours. C'est une règle qu'il applique sans faillir – parfois trop, au goût de certains. Mais c'est sa règle, et ce livre tâche de la suivre.

C'est pour cela qu'à part quelques corrections, nous citons les mots de Laird tels quels, avec parfois des faits et des informations destinés à en éclairer le sens, ainsi que des éléments scientifiques, culturels ou anthropologiques qui sous-tendent ses idées.

LA MORT & LA PEUR

Au bout du compte,
tu vas mourir.
C'est clair.
C'est comme ça.
Tu es un organisme.
Tu es en compétition avec la mort.

LAIRD HAMILTON

La mort nous colore, nous définit, nous illumine, nous consume, nous élève et nous inspire.

Son essence troublante, aléatoire, le voile impénétrable qui l'entoure, son inéluctabilité – voilà ce qui façonne notre nature matérielle et spirituelle. Voilà qui nous sommes, ce que nous sommes et pourquoi.

Mais dans nos cultures occidentales, nous avons perdu la connexion avec la mort. Nous la repoussons comme un effet secondaire indésirable de notre humanité, un défaut dans notre organisme. Pourtant, en perdant le lien à la mortalité, nous perdons aussi quelque chose de vital.

Pour nous, Laird explore sa relation à la mort et à la peur, et comment la présence constante de la mort dans son existence l'a ému, marqué, conditionné et a influencé sa façon de vivre chaque instant. Et il explique comment la peur peut constituer une force bénéfique dans notre vie, comment elle peut nourrir notre feu – mais seulement quand on cherche à la comprendre, et qu'on apprend à la gérer.

L'océan prenait des gens, sur la plage, et ils disparaissaient à tout jamais. Pas des gens que j'ai connus personnellement, mais j'ai vu des noyés, des corps que le ressac venait déposer juste devant chez moi.

La mort faisait partie de la vie de tous les jours. Elle laisse une ombre, elle imprime sa marque.

J'avais un pote – un gars qui s'était installé à côté de chez nous – avec qui on surfait de temps à autre. Un matin, je suis allé chez lui et je l'ai trouvé mort, par terre, dans son salon. Je suis entré parce qu'il ne sortait pas pour m'accueillir comme d'habitude, et voilà, j'ai trouvé son corps.

J'ai pas mal côtoyé la mort, dès mon plus jeune âge. Je me suis trouvé face à un certain nombre de cadavres, soit des noyés, soit des victimes de mort naturelle. Sans doute plus souvent qu'un garçon normal n'aurait pu le supporter.

La majorité de ces cadavres étaient en lien avec l'océan – des gens emportés par le courant, dont le corps était rejeté plusieurs jours après. Ou qu'on ne revoyait plus. C'est devenu comme un instinct, à force.

Un jour, j'étais sur la plage et j'ai senti qu'il y avait quelque chose qui clochait. Quelque chose qui n'allait pas. On finit par sentir l'eau. Par percevoir les choses. Mais j'étais jeune, et quand j'ai dit à un gars de ne pas y aller, il m'a envoyé balader. Il a plongé, et il s'est noyé. Et son fils après lui.

Je crois que cette situation m'a profondément touché. Elle m'a changé. Elle m'a rendu plus agressif. À certains moments, je sentais que les gens ne devaient pas se mettre à l'eau, parce qu'ils n'avaient pas l'expérience, ils n'en savaient pas assez pour se lancer ; alors, j'allais le leur dire.

J'avais peut-être dix ans, je passais mes journées dans l'eau, mais je voyais des adultes se noyer. Alors, je me suis mis à leur parler, comme ça, de but en blanc. À leur déconseiller de sortir. Je n'étais qu'un gamin, mais je m'en foutais.

Évidemment, personne n'aime qu'on lui dicte sa conduite, surtout pas quand c'est un gamin qui traîne sur la page. Les gens me répondaient : « Je fais ce que je veux. »

Mais c'est la mer. Il faut l'accepter. On ne peut y entrer qu'avec un immense respect dans le cœur.

Laird n'était pas vraiment désobéissant
– c'était une intelligence en éveil.
Il testait son entourage. Tout le monde pensait le tester,
mais c'était lui qui les mettait à l'épreuve.

COPPIN COLBURN
Ami de la famille Hamilton

Le surf, même quand j'étais petit, c'était dangereux. J'habitais vers le Pipeline et on sortait des types de l'eau avec des fractures du crâne, la gueule en vrac – des vrais durs, pourtant. Sur cette plage, il y avait beaucoup de blessés, parce qu'elle est dangereuse. Après, on a déménagé sur d'autres îles, mais je surfais encore sur des spots dangereux. Un de mes préférés, Lumaha'i, était l'une des plages les plus mortelles de l'État d'Hawaii. Elle prenait au moins trois ou quatre personnes par an, parfois plus. En fait, je m'amusais et je vivais à des endroits où beaucoup de gens se blessaient ou mouraient.

Il y a beaucoup de gens qui se font mal en surf. Parfois, ce n'est pas grand-chose – deux-trois points de suture, une fracture. Et parfois, parce que c'est dans la nature de ce sport, on se retrouvait avec un traumatisme crânien, des blessures aux cervicales, quand ce n'est pas plus grave. Et pour survivre, on ne pouvait compter que sur soi – à l'époque, l'équipement n'était pas aussi efficace qu'aujourd'hui.

N'empêche que, à mon avis, l'océan pardonne beaucoup. Étant donné notre pratique, il devrait y avoir beaucoup plus de blessés, et des blessures beaucoup plus graves. Je trouve étonnant que le Pipeline ne prenne pas davantage de vies.

Voilà comment, là où j'ai grandi, la mort et la relation à l'océan ne font qu'un.

Je crois qu'il y a comme une ligne qui relie entre eux tous les gens connectés à l'océan. Bien sûr, il y a toujours quelques têtes brûlées, mais chez la plupart de ceux qui sont attachés à la mer, il existe un respect pour cet élément, une conscience claire de sa nature.

C'est un environnement si puissant qu'on ne peut oublier la mort, et qu'il est difficile de ne pas croire à quelque chose qui nous dépasse. Je pense qu'il n'y a parmi nous que peu d'athées, tout simplement à cause de la magie et de la beauté de la nature, du grand tout qu'est l'océan.

Un de mes amis l'appelle la « soupe de vie ». C'est un organisme très complexe et vivant. Et il ne fait pas de différence quand il te tombe dessus. C'est à ce moment-là – quand tu perds tous tes repères dans la grande machine à laver de la vague – que la science rencontre le spirituel. Sous l'eau, tu ne peux pas respirer. Qui que l'on soit, quelles que soient nos capacités, au bout du compte, on se retrouve dans la même situation, face à la même peur innée de se noyer. Nous savons tous qu'il n'y a pas d'oxygène respirable sous la surface, qu'il y a de grosses créatures qui y vivent et qu'il s'y passe des trucs graves.

Personne ne connaît l'océan mieux que Laird ;
depuis tout petit, c'est son élément.
La mer communique avec lui.
Et il le sait – son rapport à l'eau est presque magique.
S'il pouvait y dormir, il le ferait. Depuis toujours,
il le respecte, et il est conscient que l'océan
peut prendre sa vie à n'importe quel moment.

COPPIN COLBURN
Ami de la famille Hamilton

Pour décrire le surf, je dirais simplement : la vague n'a pas de début ni de fin – c'est juste une continuité.

Le moment où on se lance, le moment où on la quitte, ce ne sont que des phases, des moments sur la même ligne, le même continuum. C'est la vie, aussi.

La mort a toujours été là pour moi, je pense. Et pas toujours la mort par la mer. Le fait de ne pas avoir connu mon vrai père – ça aussi, c'est une mort. Pas physique, mais le deuil est bien là.

Quand je pense à cette absence, je me dis que c'est ça, la mort. L'absence. Le manque. Mon premier contact avec la notion de mort, au fond, c'est le fait de ne pas avoir eu de père. Je ne savais même pas s'il était en vie. En tout cas, il n'était pas là. Pas la moindre lettre, pas le moindre coup de fil. Rien du tout.

Ce n'est que maintenant que je comprends à quel point cette absence m'a fait souffrir. Finalement, dès mes premiers pas dans la vie, je me suis trouvé face à cette idée d'une personne disparue.

C'est la version de la mort que j'ai connue dès mon plus jeune âge, et je crois qu'elle a défini ma vision fondamentale sur l'existence et sa fin.

La mort se présente sous bien des formes, et elle te touche. Elle forge ta personnalité, elle t'ouvre les yeux. C'est grâce à elle que tu comprends à quel point chaque seconde de la vie est précieuse.

Les Polynésiens ne sont pas terrifiés
ni dépassés par le phénomène de la mort.
Leur instinct naturel, leur sensibilité et leur éducation
leur permettent de la gérer aussi naturellement
que les vents et les vagues.

JOHN P. CHARLOT
Polynesian Religions (*Religions polynésiennes*, non traduit)

Gamin, j'avais un copain surfeur à qui on avait diagnostiqué un cancer en phase terminale. On lui a dit qu'il ne lui restait que six mois à vivre. Alors, il est venu s'installer chez nous, et il a surfé tous les jours. Au final, il a vécu huit ans de plus. J'ai passé beaucoup de temps avec lui.

La mort l'entourait. Il vivait avec elle. Il disait : « Je n'ai pas le temps, plus le temps. »

Ça aussi, ça m'a influencé – dans ce que j'attendais de la vie. Ça m'a obligé à vivre au présent en permanence. Comment on vivrait si on savait qu'on doit mourir demain ? On ne se pose sans doute pas assez la question. Je pense que ça vaut le coup de se rapprocher plus souvent de ce sentiment, de se demander ce qu'on ferait s'il ne nous restait qu'un seul jour.

J'avais un pote, Bunker, qui est mort d'une overdose. On passait beaucoup de temps ensemble quand on était gamins. Je l'ai vu perdre sa joie de vivre progressivement, se transformer, et je n'ai pas pu l'aider. J'étais trop jeune, et lui, il était trop loin. Pourtant, j'ai eu l'impression qu'il avait été assassiné. J'ai pensé qu'il avait été tué par ceux qui tentaient de profiter de son argent. Ça m'a beaucoup touché.

Ceux qui vivent sur l'océan, pour lui et par lui, il peut leur arriver de se noyer. C'est presque normal. Mais une maladie mortelle, un cancer ou quelque chose comme ça, comme une épée de Damoclès, c'est autre chose. Il faut vivre avec cette idée : « Tiens, je suis malade et je vais mourir – peut-être demain, ou le mois prochain ». Forcément, ça influe sur votre comportement. Ce n'est pas comme quand on est jeune et qu'on se croit invincible !

Soyons clairs. La mort fait partie de la vie. C'est le même cycle. Là où j'ai grandi, ça se sentait vraiment. La mort fait partie du jeu.

Quand tu prends les gens qui accomplissent des exploits, quel que soit le domaine, tu te rends compte qu'une grande partie d'entre eux ont vécu un moment de stress immense, un traumatisme fort, qui les a touchés au plus profond – l'abandon, la pauvreté, l'abus, l'humiliation, le chagrin, la perte... et ça ne me surprend pas.

J'ai l'impression que la mort a agi comme ça sur moi – ça a été un stress permanent, depuis le départ. Et que c'est ça qui m'a fait évoluer d'une façon particulière.

La mort de ma mère m'a bouleversé, mais je ne m'en rends vraiment compte que maintenant. Cela dit, elle s'est préparée à mourir avec dignité ; elle a tout fait pour m'épargner les conséquences de sa disparition. Je n'ai pas eu à m'occuper de ses affaires, je n'ai pas connu la difficulté de devoir les mettre en ordre à sa mort. Au contraire, elle avait tout prévu. Ça m'a appris beaucoup de choses.

J'étais en bons termes avec elle, heureusement. Nous nous étions réconciliés depuis peu, nous avions accepté nos différences. Tout allait bien. Je pense que ça m'a aidé, que ça m'a permis de faire mon deuil. Pas de regrets. Rien de plus terrible que les regrets – ils peuvent vous briser.

Bien sûr, j'avais tellement besoin de l'océan qu'il m'est arrivé de fuir certaines choses. Mais je découvrais aussi d'autres vérités.

N'oublions jamais : la mer, c'est génial. Excitant. Chaque fois que j'en sors, je me sens revigoré, vivant comme jamais. Elle est tout, pour moi. Elle prend tout, littéralement. Quand on y entre, on s'y immerge, physiquement, émotionnellement, spirituellement. On oublie ses pensées, les bonnes comme les mauvaises.

Mon besoin de me connecter à l'océan est permanent, omniprésent. C'est une force qui m'attire naturellement, parce qu'elle m'offre la façon la plus honnête et la plus productive de vivre ma vie.

La vie est là, comme la mort. Elles sont inextricablement mêlées, le positif et le négatif d'une pile.

Voilà pourquoi on voit des gens faire des choses qui semblent très dangereuses : elles te permettent de te sentir vivant. Tu explores l'espace entre la vie et la mort. Quoi de plus normal ? Je trouve ça logique. Ça fait quoi, de vivre sans rien faire de dangereux, sans aucun risque ? À mon avis, c'est chiant. L'un ne va pas sans l'autre. La nature du plaisir est directement reliée à l'expérience de la douleur, à l'inconfort des sens. Elles sont connectées, elles ont besoin l'une de l'autre pour exister. La peur est nécessaire pour vivre pleinement, pour savoir ce qu'est le calme, la sérénité.

Mais soyons clairs : il y a un monde entre ressentir la crainte et avoir peur. La peur, c'est du respect ; elle permet une action adaptée. Le contrôle et la gestion de la peur sont à la base de la survie. La peur nous rappelle que nous devons toujours évaluer les risques. C'est de l'honnêteté, le respect de ce qui est plus fort et plus grand que nous.

Il attend toujours quelque chose. Je le sens. Parfois, ça me rend triste pour lui. Avant, je rêvais de pouvoir créer des grosses vagues rien que pour lui. La nuit, je me voyais avec ce pouvoir de lui dire : « Bon, voilà : demain, il y aura une vague de dix mètres de haut ». C'était mon rêve. Parce que parfois, il s'écoule beaucoup de temps entre les bonnes vagues. Et il a peur, peur que la mer reste plate à jamais. Pour lui, c'est le seul moment où il peut se servir de tous ses sens, mettre ses capacités à l'épreuve, et ça le préoccupe en permanence.

GABBY REECE
Épouse de Laird

La peur, ça permet d'être là. D'être conscient. D'où vient cette capacité à être présent, à gérer la peur ? La réponse est multiple. Dans mon cas, je me souviens du moment où j'ai dépassé ma peur, où ma relation avec elle est devenue consciente.

Quand j'étais gosse à Hawaii, il flottait toujours dans l'air comme une menace. Je la sentais, devant chez moi, près de la maison, à l'école. Il n'y avait pas de mauvais garçons en particulier, mais on se battait tout le temps. Comme des gosses. Comme des mecs. Mais ça allait plus loin. Il y avait autre chose – un danger qui planait. J'en étais très conscient, parce que c'était nécessaire. Assis au fond de la classe, ou dans un café, j'étais toujours en alerte, conscient. Ce type, qui c'est ? Eux, qu'est-ce qu'ils veulent ? Dès mon plus jeune âge, il m'a fallu être « là ».

Ce n'était qu'un gamin. Dix ou douze ans, max, tout maigre, un *ha'ole*[1]. On ne l'avait pas pris en grippe ou quoi que ce soit, on faisait juste respecter notre territoire. Un jour, on l'a balancé du haut d'un pont, pour s'amuser. Il a nagé jusqu'à la rive. Et là, il s'est mis à ramasser des cailloux et à nous les lancer, jusqu'à nous faire fuir. Le jour suivant, il n'y pensait même plus. Voilà comment il est.

TERRY CHUNG
Ami et partenaire de *foil* de Laird

---

[1] Voir p. 24.

Quand on s'est installé sur l'île, je n'avais que cinq ou six ans. Ma mère et moi, on a été invités à un *luau* – une grande fête de famille, avec un porc *kalua* préparé au four. Il y avait d'autres gamins. Ils m'ont invité à jouer avec eux... et ils m'ont emmené en haut d'une colline avant de se barrer en courant. Je ne savais pas où j'étais, il commençait à faire noir et j'étais complètement paumé. J'ai eu très peur, je m'en souviens. La plus grande trouille de ma vie. Je suis redescendu de la montagne. Je les entendais rire sans les voir.

J'ai fini par arriver à une route, en bas de la colline, près de l'océan. Ils étaient tous là à m'attendre, entre le *luau* et moi. Et j'avais très peur.

Alors j'ai baissé la tête et j'ai foncé vers eux. Ils se sont simplement écartés pour me laisser passer. Ça a été le déclic. C'était leur façon de m'accueillir, de me souhaiter la bienvenue – « bienvenue chez nous, dans notre monde ».

J'ai compris comment ça se passait. C'est à partir de ce moment-là que j'ai appris à rester en mode *on*, à accepter la peur pour mieux la gérer. À lutter contre elle.

Je me suis rapproché des plus grands. Je faisais des trucs dingues, des trucs que personne d'autre n'osait. Je voulais devenir copain avec eux, si bien qu'ils me poussaient à aller toujours plus loin. « Si tu veux pouvoir traîner avec nous, il faut que tu sautes cette bosse avec ton vélo. »

C'est très tôt que Laird a fait un truc qui prend
en général une vie : il a compris qui il était.
Et une fois qu'on sait ça, il n'y a plus qu'à continuer.
Lui, il a su très vite.
Et depuis, il ne fait que se perfectionner.

COPPIN COLBURN
Ami de la famille Hamilton

Pour vraiment gérer sa peur, il faut d'abord savoir d'où elle vient. Mais, humainement, il peut y avoir quelques trucs qui nous en empêchent.

C'est ce que je dis à mes filles : votre imagination est toujours plus grande que la réalité – elle vous donne l'impression que les choses sont pires qu'elles ne le sont vraiment.

Notre imagination nous handicape. Elle nous raconte des histoires – c'est ce qui nous différencie des autres animaux – et nous nous mettons à y croire. Elle nous fait voir la réalité sous un angle biaisé. Plus tu attends au sommet de la falaise, plus il devient difficile de sauter – parce que ton imagination s'est mise au boulot.

Toutes les peurs irrationnelles que j'avais pu connaître lors de mes voyages précédents s'étaient réalisées ; et maintenant que le pire était arrivé, je me retrouvai sans la moindre crainte, parfaitement calme.

PETER WADHAMS
A Farewell to Ice (*L'adieu à la glace*, non traduit)

Parfois, néanmoins, l'imagination n'est pas utile : la réalité est bien assez effrayante en elle-même.

Le moment le plus terrifiant de ma vie, c'est quand je me suis perdu en mer, entre les îles. J'étais avec mon stand-up paddle, dans le brouillard, et j'ai perdu le cap. Je me suis retrouvé en pleine mer, à cent kilomètres au nord de la grande île.

C'est un hélico des garde-côtes qui m'a finalement repéré, mais j'ai passé vingt-quatre heures à gamberger. Vingt-quatre heures, ça peut être très long. J'ai pensé à ma mort, et à ma vie. À ceux que j'aimais. À ce que je ferais si on me retrouvait. Ce que j'allais changer, dans ma vie, en moi.

Est-ce que ça m'a poussé à me calmer ? À cesser de prendre des risques ? À me laisser vaincre par la peur ? Non. Mais ça a arrondi certains angles, sans doute.

Dans une société, la majorité des gens vivent par procuration à travers ceux qui prennent des risques – qu'il s'agisse des chasseurs, des guerriers ou bien des surfeurs et des pratiquants du saut en *wingsuit* (combinaison ailée). La plupart des gens n'ont pas envie d'aller danser avec les loups, de se tenir sur la ligne de crête – mais ils comprennent bien que cela augmente les sensations, le plaisir. Tout le monde le sait, et c'est ce qui nous donne envie de regarder. C'est une forme de distraction, de loisir.

En réalité, au cours de notre existence, nous ne connaissons que très rarement le danger ; et quand on se trouve dans un simulateur de vol, dans un jeu vidéo ou une expérience en réalité virtuelle, on n'a que la moitié de l'expérience. Même quand on pousse les limites du corps et de l'esprit en salle de gym, le risque est nul. Souvent, les situations « risquées », celles qui créent du stress, ne le sont en réalité qu'à moitié. Elles ne mettent pas notre vie en jeu, si bien qu'on ne profite pas vraiment de la récompense.

Le risque, je le sens. Dans ma peau. C'est une peur qui rend tout plus fort, qui fait toute la valeur de l'expérience. J'ai besoin de cette intensité.

La sensation vient avec le fait d'être conscient. Quand j'ai terminé, je me rends compte qu'elle fait partie de l'ensemble, de ce que je cherche. Ce que je fais, c'est pour cette impression – parfois, peut-être, plus que pour la vague elle-même.

J'ai les cheveux qui se hérissent sur ma nuque ; tous mes sens sont aiguisés, l'odorat, le toucher, l'ouïe, comme une « hyperconscience ». C'est ce qui crée l'impression que tout ralentit. Je suis dans un état de conscience accrue, et je traite les informations à une vitesse phénoménale. Avec l'adrénaline, le rythme cardiaque s'accélère, comme la respiration. La vision est plus aiguisée. Je reconnais cette situation, je sais ce qu'il se passe. En particulier quand une vague se referme sur moi et que je plonge, ce moment où l'horizon n'existe plus. Ça aussi, c'est important. Ça m'immerge encore davantage dans le moment.

Est-ce que c'est dingue de se mettre dans une telle situation ? Sans doute que oui. Mais c'est comme ça. Pour certains d'entre nous, cette sensation résume tout. C'est peut-être juste une façon de gérer les trucs, ou bien de prendre notre pied. Être là, *branché*.

Un corps qui nous procure ce sentiment, on peut lui faire confiance. On sait que dans des situations dangereuses, il sera prêt, sans qu'on ait besoin d'intervenir. C'est l'organisme qui fait son travail, consciemment ou non. D'un seul coup, on se retrouve à son plus haut niveau.

Quand on se tient au bord d'une falaise avec un parapente ou un *wingsuit*, on se met dans un état de vulnérabilité extrême, avec tous les sens en éveil. On a besoin de toutes nos facultés. Et quand on sent venir cette réponse de type « fuir ou combattre », c'est que l'organisme fait ce pour quoi il est programmé. C'est un système créé par des millions d'années d'évolution. Il faut lui faire confiance et l'écouter, sans hésiter.

Dans ma position, le danger vient d'une forme de complaisance, de la volonté de se lancer dans des trucs qui font de plus en plus peur. Parce que l'organisme s'habitue. Et cette complaisance née de la réussite est dangereuse. À l'instant où tu penses : « C'est bon, j'ai déjà fait ça, je connais le truc », tu es en danger.

Il faut s'accrocher à la peur, pas essayer de la chasser.

Le réflexe « fuir ou combattre » fait partie de notre organisme. C'est une réponse dont l'efficacité est démontrée depuis des millions d'années. Nous savons, au point de vue physiologique, comment le gérer, comment utiliser ses effets – l'adrénaline, le CO_2, tout ce que notre corps crée dans ce but.

Et ça marche très bien au sommet d'une vague ou à mille mètres d'altitude. Parce que notre organisme accomplit tout le processus, le cycle qui va jusqu'au paroxysme de nos possibilités avant de redescendre. Il élimine ainsi les résultats du stress.

Mais, dans la vie quotidienne, un excès de stress est beaucoup plus dangereux. Quand celui-ci tourne en boucle, le système destiné à nous garder en vie peut entraîner une agitation néfaste.

Parfois, c'est juste quand on marche dans la rue, ou au cours d'une réunion ; quelque chose déclenche notre mécanisme de défense – quelque chose qu'on interprète comme une menace – et l'organisme passe en surmultipliée ; soudain, on se retrouve avec des réactions super puissantes, un mécanisme « fuir ou lutter » qui déclenche une vague d'adrénaline. Le cœur bat plus vite, les muscles se tendent, on consomme davantage d'oxygène. Et tout ça demande à être évacué, à être utilisé. C'est pour ça que c'est là.

Quand on ne peut pas relâcher la pression, l'organisme entre en surcharge, et ça n'est pas bon pour lui.

Dans la vie de tous les jours, il n'est pas facile de gérer les moments de stress intense et leurs effets secondaires. En fait, beaucoup de gens souffrent de cet excès de stress mal géré. Ça devient un défaut, quelque chose qu'on laisse se produire. Ce n'est pas comme si on se battait ou qu'on prenait réellement la fuite – ce qui nous permettrait d'utiliser cette surcharge d'énergie et de conscience. Le corps se retrouve dans un état d'excitation permanente, dont il est incapable de se débarrasser, et qui devient toxique, l'organisme s'épuisant à tenter d'absorber et de gérer les effets du stress.

Quand une voiture brûle un feu rouge et te frôle, tu réagis. C'est ton organisme, la réponse « fuir ou se battre ». Mais tu ne dois surtout pas passer ta journée à ressasser ce moment, à le laisser tourner dans ta tête. Il faut lâcher prise. En s'accrochant au moment, tu restes dans cet état, et ton organisme continue à produire les réactions chimiques qui l'accompagnent. C'est aussi inutile que toxique. Physiologiquement, nous ne sommes pas faits pour vivre ça.

Ce qui aggrave tout, c'est que beaucoup d'entre nous n'ont pas une vie saine. Ils dorment mal, ne se nourrissent pas correctement, passent trop de temps devant les écrans et ont une vie sociale dysfonctionnelle.

Ça nous arrive à tous. À une époque, je ne prenais pas soin de moi. Je ne faisais pas attention à ma forme.

Le problème, c'est que notre organisme peine encore plus à traiter les moments de déséquilibre quand il n'est pas au mieux de sa forme. Un corps en bonne santé peut gérer une quantité phénoménale de stress... mais peu d'entre nous sont réellement en bonne santé.

Du coup, nous arrêtons de réfléchir pour nous jeter sur les solutions les plus faciles. C'est très humain – peut-être parce qu'on est constitué essentiellement d'eau et que l'eau cherche toujours la moindre résistance. Et donc... on boit. C'est la réponse toute faite au problème de l'adrénaline résiduelle. Surtout quand on est à cran. J'ai connu ça, et ça ne s'est pas bien passé.

Le pire, c'est qu'on ne s'en rend pas compte tout de suite, parce qu'on est ailleurs. Il faut du temps pour s'en apercevoir. Un jour, comme ça, on s'était disputés avec Gabby – notre couple n'allait pas très bien à ce moment-là. Et tout d'un coup, j'ai pris conscience de ce qui se passait, du schéma qui s'était mis en place.

Après une journée dans l'eau – une journée pas super, des vagues difficiles, quelques gamelles – je rentrais à la maison dans cet état quasi post-traumatique, tous les sens en éveil. Et voilà que cette bouteille de bordeaux avait l'air de me tendre les bras. Enfin de quoi me détendre un peu... Sauf que non. Je devenais irritable, et même méchant avec mes proches.

Quand on ajoute à notre propre mélange toxique des poisons supplémentaires – alcool, drogue, etc. – on verse dans l'autodestruction.

C'est la même chose avec la peur qu'on ne gère pas. Voilà ce qui arrive quand on ne maîtrise pas la peur d'un bout à l'autre de l'expérience, quand on ne s'en purifie pas par la suite. On se trouve empêtré dans du mauvais stress. Le négatif l'emporte et nous envahit – et le pire, c'est quand on tente de s'en débarrasser par un expédient. Pour s'en sortir, il faut savoir s'y prendre.

La peur est un outil précieux pour l'organisme, mais il faut apprendre à la gérer.

La conscience constitue une bonne moitié de la solution à ce problème. Reconnaître la peur, ses causes et ses effets, c'est déjà commencer à la dépasser.

Mais tout le monde n'a pas envie de s'attaquer au stress bille en tête. C'est trop dur. C'est là que l'immersion peut jouer un rôle : on apprend à orienter l'organisme de façon indirecte, à détourner le stress en s'immergeant dans quelque chose.

Ainsi, la méditation et ses équivalents mécaniques – comme la voile, le surf, la course à pied ou l'escalade – peuvent nous aider. Ils ont le pouvoir de rediriger le stress en nous obligeant à être dans le moment. Ils éliminent et recyclent les trucs négatifs.

Pour exister vraiment, pour profiter de la vie, il faut savoir éliminer le stress, sans quoi il nous submerge et nous envahit. Et ça n'est faisable qu'en voyant l'ensemble du tableau, pas juste la cause ou la nature du stress. Il faut prêter attention aux détails – le sommeil, l'hydratation, les relations. Tout compte. Quand ça ne se passe pas bien avec ma femme, quand mes enfants ne sont pas en forme, je ne suis pas vraiment à ce que je fais. Je n'ai pas l'esprit libre.

Il faut prendre soin de l'organisme en général. Plus notre attention est complète, plus il devient facile de gérer ce qui se passe. La vie exige ce niveau-là de conscience.

Notre vie doit avoir du sens. Il faut en faire un beau voyage, en profiter tant qu'elle dure. Pour ça, il faut savoir prendre des risques. Pas forcément comme les casse-cou professionnels des sports extrêmes : où que l'on soit, qui que l'on soit, prendre quelques risques est une bonne chose. Ce qu'il faut éviter, c'est de se dire : « Ça ne vaut pas la peine », « Je suis trop vieux pour ça » ou « Je l'ai déjà fait ».

En parlant de la retraite, pas mal de gens se disent : « Je vais travailler toute ma vie, et quand j'aurai assez d'argent, j'arrêterai. »

C'est cool. C'est une décision comme une autre, à laquelle il faut se tenir. Mais le danger, c'est qu'à force de viser cet objectif – juste survivre et gagner de l'argent jusqu'à un certain point – on peut passer à côté de sa vie, et se créer pas mal de regrets.

Et le jour de la retraite, on se retrouve tellement épuisé qu'on n'a plus la force d'en profiter. Alors, pourquoi ne pas essayer de vivre un petit peu plus au présent ?

Personne ne sait ce qui va arriver. Il faut vivre sa vie, être là, dans le moment. C'est normal d'avoir peur de l'inconnu, mais ça ne veut pas dire que cette peur doit nous paralyser.

Faut-il faire des plans pour l'avenir ? Bien sûr ! Ça fait partie de la vie. Mais ce qui compte, c'est l'espace entre ce qui est et ce qui pourrait être. Voilà où se situe le nœud, l'endroit où on existe. On peut vivre comme si demain allait ne jamais arriver... tout en se préparant un peu au cas contraire.

Pour moi, c'est tout un art : vivre dans le présent, mais en étant sûr d'être tourné dans la bonne direction, pour ne pas être pris par surprise demain en se réveillant. Quand on évolue constamment dans le présent, en tant qu'organisme, ça prépare à l'avenir, on est prêt à accueillir tout ce qui se présentera.

Au fond, ça se résume à une chose fondamentale : connaître clairement son but dans la vie. Savoir à quoi sert ce que l'on fait. Notre relation à la mort. Quand tu prends des risques, quand tu secoues l'arbre pour voir ce qui en tombe, souviens-toi de pourquoi tu le fais.

Pour moi, le surf sur de grosses vagues est un exemple. Quand on se met à l'épreuve de cette façon, il faut toujours savoir pourquoi. Si en plein milieu du truc, tu n'es pas capable de répondre à la question « Qu'est-ce que je fais là ? », tu es mal. C'est le moment de vérité. Quand ça part en sucette, le fait d'avoir la bonne réponse à cette question peut nous sauver.

Le « pourquoi », voilà ce qui compte. S'il est essentiel, s'il est au cœur même de ce qui te motive, alors continue. Dans le cas contraire, si c'est une raison matérielle, une question d'ego, ton instinct va finir par te lâcher. Tu vas péter les plombs et te mettre à crier : « Sortez-moi de là ! ». Et c'est mal. Dans une situation à hauts risques, c'est l'échec assuré.

Mais si tu suis ton intuition et ton cœur, alors tu penseras quelque chose comme : « Je ne sais pas si je suis prêt à prendre la raclée qui m'attend, mais je suis là et je sais pourquoi. »

Quant à ce qui se passe quand je ne suis pas présent à ce que je fais... C'est trop long pour en discuter. Parce que ça prend plein de formes. À la limite entre la science et la religion, entre le connu et l'inconnu. Peu importe ce que tu penses de toi, ce que les autres pensent de toi.

Il faut avoir l'humilité d'accepter qu'on ne sait pas tout et qu'on ne le saura sans doute jamais.

Pour être respecté à Hawaii, il faut être humble.
Je pense que Laird est un des plus grands sportifs vivants
– même comparé à un LeBron James ou un Ronaldo –
et il est certainement le plus humble.

GABBY REECE
Épouse de Laird

Peut-être que si on ne sait pas ce qui se passe après notre mort, c'est parce que ça changerait notre façon de vivre. Alors, on apprend à vivre avec ce qu'on voit et ce qu'on entend dans le présent.

On n'a pas la chance de posséder cette information qui affecterait notre façon de faire. Mais si on savait, on ne serait plus en mesure de faire l'expérience du monde, de ce qui nous arrive. On n'aurait pas la récompense des leçons qu'on apprend. On cesserait de vouloir vivre au meilleur de nos capacités.

Je pense qu'à un certain point, le côté spirituel reprend naturellement le dessus, parce que nous n'avons pas assez de connaissances. Bien sûr, il y a les infos biologiques et médicales sur ce qui nous arrive physiquement à notre mort, mais sur notre conscience et à ce qu'il advient d'elle, la science n'explique rien.

Pourtant, nous le sentons. Il y a quelque chose. Je le sais d'instinct. J'en suis certain : il existe quelque chose de plus grand que nous, que moi – bien au-delà de ce que nous pouvons comprendre. Je ne sais pas à quoi ça ressemble, mais je ne peux pas m'empêcher de croire qu'il y a quelque chose – parce qu'aucun élément scientifique ne dit le contraire.

L'inconnu fait partie de nous, de notre façon d'évoluer. Le spirituel nous emporte au-delà de nos limites, au-delà des limites de notre ignorance.

Accepter de courir un risque,
c'est ce qui a fait évoluer l'espèce humaine.
Ce n'est pas parce que le progrès nous libère
de l'obligation de mettre notre vie en jeu
que nos capacités naturelles à le faire ont disparu.

LAIRD HAMILTON

C'est la même chose avec le risque. Les gens n'accompliraient pas l'impossible, ne repousseraient pas sans cesse les limites s'ils connaissaient et acceptaient ce qui est. Aux débuts de l'automobile, on croyait que dépasser les quarante kilomètres heure pouvait tuer. L'ignorance est un moteur. Elle nous pousse à nous poser des questions. Elle nous rend curieux de ce qui se passe de l'autre côté – « Qu'y a-t-il après ? »

Peut-être qu'au niveau organique, nous évoluons parce que nous n'avons pas toutes les réponses. Nous continuons à chercher.

Je trouve que c'est déjà assez compliqué de tenter d'être honnête envers soi-même, de vivre selon son cœur et d'exister ici et maintenant. C'est un sacré boulot, et le fait de chercher à percer le mystère de toute chose ne change pas grand-chose à ce qu'on doit accomplir et traverser.

Entrepreneur aux pieds nus
La peur, l'échec, le risque

L'échec – et la peur de l'échec – reste la plus grande barrière quand on décide de créer une entreprise. Pour l'entrepreneur, surfer sur les risques est une tâche quotidienne, presque banale.

Ce sont ses réponses face au danger et à la peur de l'échec, à la fois sur le plan rationnel et émotionnel, qui définissent et forgent son succès.

Grâce à celles-ci, on peut prédire sa capacité à surmonter les épreuves et les vagues inhérentes à la vie de l'entreprise.

La peur de l'échec – de la faillite, par exemple, synonyme de perte de statut et d'identité – est une notion que le créateur d'entreprise doit toujours garder en lui pour rester résilient.

Les secteurs et les entreprises qui acceptent cet esprit d'échec et le voient comme une force positive trouvent plus vite des solutions, des opportunités et des échappatoires en période de turbulence et d'instabilité.

Ci-dessous, Laird et Gabby explorent le sujet de la prise de risque, avec son impact et ses effets sur leur vie professionnelle.

LAIRD

Dans les affaires, la prise de risque est obligatoire. Et le risque revêt bien des formes.

Mais par rapport ce que je fais dans l'eau, ce risque-là est très différent, à la fois dans ses manifestations et dans ce qu'il m'inspire.

Pour moi, le risque est presque mathématique ; il possède sa propre logique. Quand tu n'es pas prêt dans ta tête à prendre la plus grosse vague de la journée, il vaut sans doute mieux que tu ne sortes pas en mer. C'est pareil dans les affaires, même si la sanction est moins grave.

Je cite toujours Don Wildman, qui dit : « Ce n'est pas une question de vie ou de mort. » C'est vrai : dans l'entreprise, on ne met pas sa vie en jeu. Les décisions ne sont pas critiques. Et en refusant de prendre des risques, on ne peut espérer atteindre le succès maximum.

Ça fait partie du jeu : pas de risque, pas de récompense. Et plus le risque est grand, plus la récompense le sera. Ça ne veut pas dire qu'on n'a pas peur de l'échec, mais je crois qu'à force de se tromper, de perdre, l'échec a moins d'impact sur nous.

Pourquoi ? Parce qu'on a appris qu'on peut toujours recommencer. Ça signifie qu'il faut garder la foi, toujours croire en la possibilité du succès.

En fait, il faut juste croire davantage en la probabilité de réussite qu'en celle de l'échec.

Dans le cas contraire, on s'effraie d'un rien. Quand on ne croit plus qu'on peut réussir, que l'entreprise qu'on fonde ou dirige ne peut pas connaître le succès, la moindre chose devient terrifiante, insurmontable.

Mais ce n'est pas une question de vie ou de mort. Le risque n'engage pas l'organisme dans son entier. Quand certains chefs d'entreprise veulent se mettre en danger physiquement, ils font du *kite surf* ou du *base jump* pour ressentir le fait d'être vivant, le risque authentique.

Certains préfèrent prendre tous les risques dans leurs affaires. C'est leur choix. Pour moi, ce n'est qu'une façon d'ignorer qu'ils n'ont en fait aucun autre endroit où ressentir des émotions aussi fortes.

Si tu veux que ton entreprise soit la vague que tu surfes, pas de problème. Mais assez vite, si tu aimes vraiment le risque – aller tester tes limites et tes capacités – tu finiras par aller chercher la vraie version.

Si l'une de mes entreprises se cassait la figure, je crois que je ne serais pas ravi. Pour l'instant, c'est le secteur nutritionnel qui marche le mieux, et dont les perspectives sont les plus encourageantes – et ça me décevrait beaucoup qu'il échoue. Mais je ne suis pas défini par la réussite ou l'échec de mes affaires. Elles comptent pour moi, mais elles ne résument ni ce que je suis ni ce que j'ai fait.

Je crois que le vrai problème, c'est quand ton business devient ta seule identité, quand tu mises toute ta vie sur elle. Il me semble que ça revient à mettre encore plus de pression sur la situation, et je crois que ça empêche la réussite.

Attention, je ne dis pas que ça ne doit pas être important. Il faut prendre les choses au sérieux. Mais si on en vient à ne se définir que par le succès ou l'échec, on se prépare des lendemains qui déchantent forcément.

Quand tout ce qu'on est se résume à la réussite de l'entreprise et que les choses tournent mal, on n'a pas la clarté d'esprit suffisante pour prendre la bonne décision. On perd espoir. Et le désespoir est un mauvais conseiller – il n'est jamais bon, dans la vie, d'agir par désespoir.

On se retrouve dans une position où on ne peut pas agir à son plein potentiel. Très vite, on est assailli de questions, de « et si... ». On culpabilise, et l'échec devient une prophétie autoréalisatrice. Le désespoir tue la confiance, qui tue la créativité et la capacité à réfléchir. On devient plus conservateur.

On voit pas mal d'entreprises qui se lancent et qui, une fois le succès atteint, cessent de prendre des risques. Toute leur énergie est alors consacrée à conserver l'identité qu'elles se sont forgée, et c'est là que les affaires se mettent à stagner. La stagnation est inévitable quand on devient conservateur.

C'est la même chose pour les sportifs. Au début, tu prends des risques, tu es prêt à tout. Tu te casses la figure, tu remontes en selle ; mais dès que tu réussis, tu perds l'envie de tenter de nouvelles choses.

Je crois que c'est un piège qui nous guette tous, parce qu'il est très humain, une fois un certain niveau atteint – quand on a satisfait ses besoins – de protéger ses acquis, même si c'est une démarche contraire à celle qui nous a apporté la réussite.

C'est là qu'on peut se déconnecter de soi-même, de cette partie authentique qui nous a permis de réussir. Le plus gros risque, c'est cette déconnexion.

Mes entreprises sont toutes regroupées sous ma marque, elles font partie de moi. Leur image est toujours connectée, je garde une continuité dans ces choses.

Mais en même temps, j'aime qu'il y ait une certaine séparation, avoir plusieurs fers au feu, ou même entretenir plusieurs feux différents. Quand l'un d'eux prend, on y ajoute du bois, en délaissant un peu les autres, ceux qui prennent moins bien. Cela dit, tous jouent un certain rôle, il y a une continuité entre eux, qui reflète la philosophie de ton entreprise.

Je pense que la continuité de notre philosophie est perceptible dans chacun de nos secteurs d'activité.

Qu'on lance une entreprise ou un produit, il faut une cohérence de l'image, de ce qu'elle représente. Pour moi, ça reste valable dans tous les secteurs. Bien sûr, on peut ajuster certains aspects pour tel ou tel produit, mais de façon générale, il faut savoir contrôler son image et sa philosophie d'entreprise. La protéger, même, parce que c'est la seule valeur visible et sans ambiguïté. Une valeur qu'il faut défendre, avec un message cohérent, sans quoi le public s'y perd. Tant qu'on reste authentique, c'est simple. Quand on n'a qu'une seule vérité, pas besoin de se rappeler les versions qu'on a pu en donner.

La relation entre les secteurs d'activité est importante. Chaque secteur nourrit les autres.

Quand on a un cap, on ne peut pas te tromper. Les gens s'identifient à la philosophie de l'entreprise

– voilà l'intérêt d'un message cohérent. Grâce à lui, les différents secteurs peuvent s'enrichir les uns les autres.

Les gens aiment entendre un message cohérent, une logique. Les collaborateurs sont plus motivés, moins désordonnés, quand le dirigeant ne crée pas la confusion dans ce qu'il propose. La confusion est dangereuse. Elle crée l'incertitude, elle engendre des problèmes d'identité. Et elle peut aussi bien venir d'une tendance à créer le chaos que d'une volonté de tout contrôler.

Attention aux formules, aux solutions miracles. Y croire, c'est risquer de perdre sa personnalité, son identité. Ce qu'il faut, c'est rester unique, toujours – être unique, c'est l'essentiel, non ? C'est une loi de la nature. Le système est le système, mais à l'intérieur de lui chaque chose est différente. Chaque flocon de neige est unique, c'est un fait. Toutes les feuilles se ressemblent, mais chaque feuille d'une même plante est différente.

Le risque, c'est parfois aussi un excès de compétitivité. À trop vouloir dépasser ses limites, on peut se tuer. Être toujours dans la compétition limite les opportunités. Quand tu as la confiance, tu vas trouver un équilibre naturel. Mais quand tu cherches à tout protéger, à tout penser, c'est un signe d'insécurité, une limitation qui t'empêche d'accomplir ton potentiel. Tu retiens ton souffle.

Il y a quelque chose d'universel à cette loi : quand on est ouvert, on peut accueillir ce qui vient, en nourrir son énergie, son idée, son entreprise.

Survivre, c'est savoir s'adapter. La capacité à accepter ce qui arrive, de respirer et de laisser respirer son entreprise, est un atout majeur dans la gestion du risque.

Si je rapporte ça à l'océan, à l'eau, c'est évident : chaque vague est différente, elle crée de nouvelles circonstances. Il faut donc pouvoir s'adapter rapidement. On dit que les meilleurs plans sont ceux qui peuvent changer rapidement.

Le plus passionnant, c'est que tout changement est une opportunité de progrès. Quand tout est réglé, que le chemin est tout tracé, c'est moins intéressant. En tout cas, je trouve. C'est à ce moment qu'il faut savoir lâcher prise, laisser le gouvernail à quelqu'un de plus compétent en ce qui concerne la navigation sur cartes.

Une fois qu'on a compris ce qu'il fallait pour réussir dans les affaires, la réussite en elle-même devient une sorte de recette. Ce succès-là, on peut commencer à l'appliquer à d'autres secteurs. Ça varie selon la nature de l'entreprise, bien sûr, mais on peut se lancer dans de nouveaux projets en gardant en tête à quoi ressemblerait la réussite.

Pour créer une entreprise, il faut un certain nombre de trucs – un financement, des points de vente, tout ; mais quand on a tout ça, cela suffit-il à réussir ? Parfois, en dépit de tout ce qu'on a prévu, on n'atteint pas le succès escompté. Alors, il faut savoir décider si ça vaut la peine de continuer.

La décision de lancer et gérer une entreprise dépend en grande partie du type de réussite qu'on imagine. Il peut y avoir d'autres raisons qui nous poussent, parfois, ce n'est même pas le succès commercial qui compte, mais ce que nous apporte l'entreprise.

Je pense en particulier au secteur des planches et du matériel de surf, un secteur très compétitif. On parle de produits chers ; la plupart des gens achètent leur équipement pour plusieurs années.

Mais j'ai besoin de matériel ; je veux surfer sur mes propres planches, pas sur celles d'un autre. Et donc, même si ce n'est pas le secteur le plus porteur, avec les meilleures marges, même si ce n'est pas notre meilleur atout, il apporte de l'eau à mon moulin.

Mieux vaut minimiser un secteur pour en tirer quelque chose dont j'ai besoin qu'utiliser un produit de moindre qualité. De toute façon, directement ou non, cela profite à mes autres activités, ne serait-ce que parce que ça fait connaître ma marque et que ça me comble d'un point de vue créatif.

La réussite, alors, c'est cet accomplissement créatif – sans même parler de la réputation et de l'exposition de mes produits. Ce qu'il faut voir, c'est que, pour ce qui est des planches de surfs, la pure réussite commerciale n'est pas la clé de mon désir de continuer. Il y a toujours la possibilité de connaître un vrai succès, mais ce n'est pas ce qui me guide ou me définit.

Quand on travaille dans plusieurs secteurs, il faut idéalement que notre succès ne dépende d'aucun domaine en particulier ; que chacun puisse nous apporter beaucoup, ou en tout cas avoir un impact significatif sur notre réussite, mais qu'aucun ne soit en mesure d'entraîner les autres s'il échoue.

GABBY

Je pense que Laird a frôlé si souvent la mort que son sentiment du danger n'est pas le même que le nôtre. Est-ce qu'il a peur de l'échec ? Je ne crois pas.

L'important, c'est qu'il aime être à la place du novice, du débutant. Il est à l'aise quand on le met à l'épreuve. C'est pareil dans les affaires.

Son entreprise de planches de paddle n'a jamais vraiment décollé. C'est d'autant plus étrange que c'est par là qu'il touche le plus de gens – presque tout le monde est capable de faire du stand-up paddle, alors que la pratique du *foil* ou des grosses vagues est réservée à un petit nombre. Le paddle concerne aussi bien les lacs et les rivières que la mer. Donc, ça semble le marché le plus porteur pour Laird, mais pour l'instant il ne décolle pas vraiment.

Parfois, ce sont les plus petites choses qui inspirent une entreprise – juste une remarque, une observation.

Paul Hodge, cofondateur de Laird Superfood, a juste remarqué que les gens, depuis des années, demandaient à Laird de leur faire un café. Un jour, il a demandé : « Mais en fait, c'est quoi, ton secret ? » Trois mois plus tard, on avait les échantillons qui lançaient l'aventure Coffee Creamer.

Le décollage de celle-ci a vraiment passionné Laird, qui aime les défis. Il se passionne toujours quand il s'agit de comprendre quelque chose – ici, l'équilibre, le mariage entre les ingrédients. Le café joue un grand rôle dans sa nutrition. Il n'est pas fan des expressos serrés et surchargés en caféine, parce qu'il préfère des effets qui durent. Notre Creamer a la capacité de libérer son énergie en douceur et de façon continue. Laird ne se contente donc pas d'apposer sa marque, il va beaucoup plus loin. Je pense que si ce secteur venait à échouer, il serait très déçu. Mais ce sont des questions qui se posent dans chaque entreprise. Est-ce que ça marche ? Sinon, pourquoi ? Que peut-on faire ? Parfois, il faut prendre des décisions difficiles.

L'important, c'est de rester vigilant, de surveiller l'ensemble de ses affaires. Quel secteur a besoin qu'on s'en occupe ? Il faut une approche réaliste, économique. On observe le marché, l'équipe, les avis, les ventes, tout. Et on dit : « Bon, en ce moment, quand on voit la situation d'ensemble, ceci ne marche plus. »

Et ça, on ne le contrôle pas toujours. Ça fait maintenant un certain temps que j'ai appris à dire : « Ça, c'est hors de mon contrôle. »

Ça ne s'explique pas. Ce qu'il faut, je crois, dans les affaires, c'est faire de son mieux, essayer de se montrer prévoyant et intelligent, et en même temps toujours se demander dans son cœur pourquoi on le fait.

Il faut aussi s'assurer qu'on reste lucide, et honnête ; ne pas faire semblant, parce qu'on gère la situation telle qu'elle vient, qu'on a tout prévu. Quoi qu'il arrive, les aléas sont normaux, ils font partie de l'entreprise, des affaires.

Parfois, on peut se dire : « On a tout fait comme il fallait, mais ça n'a pas marché ; on a fait le premier tiers sans problème, et puis quelque chose est arrivé, une sorte de mauvais moment, presque magique, et ça s'est arrêté. » Je crois que c'est surtout ça qu'il faut garder à l'esprit : ça ne fonctionne pas toujours, mais il faut tout de même essayer.

Avec Laird, on a fait des choses qui n'ont pas marché, mais ça fait partie du truc. Pour autant, on ne se dit pas : « Si je me lance à nouveau, je vais me planter. »

J'ai investi pas mal de fonds personnels sur des idées et des projets que je tentais de monter, mais ce n'était pas le bon moment et ça n'a pas marché. Oui, on peut perdre de l'argent. Ça m'est arrivé. C'est normal.

On apprend à couper le cordon plus vite, dès qu'on sent que quelque chose ne va pas fonctionner. Ne pas s'acharner, c'est le secret. On se dit : « Je suis au milieu du gué, qu'est-ce que je fais ? Demi-tour ou droit devant ? »

On apprend aussi à bien s'entourer. Au début, on a envie de faire appel à des gens pour leur intelligence, mais on se rend vite compte que l'essentiel, c'est le sens de la collaboration. Mais ça ne veut pas dire pour autant des relations amicales. Parfois, avec Laird, on a l'impression de nager au milieu des requins.

Je crois que beaucoup de gens ont peur de lancer leur propre entreprise parce que ça exige beaucoup de temps et d'investissement. Il faut énormément d'enthousiasme et de foi, et toujours se souvenir de ses intentions originales, de l'idée de départ. Tant qu'on les garde dans le cœur, on peut continuer, parce qu'elles résonnent en nous. Et c'est nécessaire, parce que le temps passe vite. On n'y pense pas toujours, mais il faut des années pour réussir.

La bonne nouvelle, toutefois, c'est qu'il ne s'agit pas d'une question de vie ou de mort. N'empêche que quand une entreprise échoue, on ne peut pas non plus fuir ses responsabilités. Moi, en tout cas. D'autres gens s'enfuient quand ils ont l'impression d'avoir échoué. En fait, il faut terminer les choses. C'est comme Laird et la vague, on la surfe jusqu'au bout, quoi qu'il arrive. Voilà pourquoi il est nécessaire d'accompagner les derniers instants d'une entreprise, ne serait-ce que par respect pour ceux qui y ont investi leur temps ou leur argent. Moi, ce qui m'intéresse, c'est le long terme, l'engagement dans la relation.

Je pense que c'est une question majeure : s'en tenir à ses décisions, prendre ses responsabilités. Faire le « petit quelque chose en plus », être sûr d'avoir tout poussé jusqu'au bout, toujours un peu plus loin, à chaque fois. Ainsi, quand on décide d'arrêter les frais, on est en accord avec soi-même, et on n'a pas à rougir face aux autres. Voilà ce qui compte.

Il faut vraiment accepter ça, prendre la responsabilité des gens avec qui on fait des affaires, des conséquences de nos actes. C'est du bon karma.

Les pieds sur terre

Notre rapport aux vérités fondamentales que sont la mort et la peur est à la base de notre philosophie de la vie, de notre façon de surfer sur l'existence. Il nous façonne sur le plan génétique, physique, émotionnel et philosophique depuis des centaines de générations. On aura beau tenter de les ignorer, de les oublier, la mort et la peur restent présentes, au fond de la pochette-surprise que constitue la vie, inévitables, immuables. Quand on a épuisé le contenu des cadeaux, on les trouve qui nous attendent.

Savoir accepter et célébrer la mort et la peur est un art qui se perd, au même titre que les mythes, comme si nous étions certains de les avoir dépassées.

C'est un mensonge, une illusion dans laquelle nous nous complaisons – l'idée que la mort est négociable. Mais c'est faux. Et ne pas en avoir peur est une erreur de l'évolution, qui ne peut que nous nuire. La vérité, c'est pour être intègre, authentique – et pour exister dans l'ici et maintenant – nous avons besoin de la mort et de la peur en nous, présentes et vives.

Comme Laird le dit si bien, le pacte qu'il a signé avec la vie stipule qu'à la fin, il mourra. Il sait que, même si notre longévité dépend en grande partie de la santé de l'organisme que nous sommes, la mort est inévitable, et que c'est la tension, la friction entre la vie et la mort qui nous fait exister pleinement.

Nous sommes en compétition avec la mort.

LAIRD HAMILTON

Sa plus grande force réside dans le simple fait d'accepter cette réalité. Laird n'entretient pas l'illusion de l'immortalité, ne s'imagine pas pouvoir négocier quoi que ce soit, même en cette époque où beaucoup se perdent dans la vanité qui consiste à défier l'âge.

La présence de la mort et de la peur est ce qui rend Laird si sincère et loyal à l'existence qu'il s'est créée, à la personne qu'il doit être pour surfer la vie au maximum de ses possibilités.

Si on ne devait retenir qu'une seule chose de ses réflexions sur le rôle de la mort et de la peur dans sa vie, ce serait sans doute ce réalisme.

Mais il n'est pas toujours facile de se montrer réaliste, de garder les pieds sur terre ; et il nous semble que, pour y parvenir, Laird a deux valeurs phares, qui peuvent nous guider aussi, et qui sont l'*engagement* et l'*humilité*.

Engagement

Le fait de s'engager à fond dans ce qu'il fait constitue une qualité essentielle de Laird. Face à une vague de trente mètres de haut aussi bien que face à un tronc d'arbre, un buffle emporté dans une inondation ou sa propre fille quand elle est en colère, Laird ne contourne pas l'obstacle et ne rebrousse pas chemin. Il passe en force. C'est ce qui fait dire à Gabby que sa capacité de travail est « carrément dingue ».

C'est le point crucial. La capacité à s'engager dans la vie, maintenant et dans l'avenir, pleinement et sans faux-semblants, ne dépend pas d'une force ou d'une intelligence exceptionnelle, du statut ou du pouvoir. On ne teste pas ses limites pour le simple plaisir de récolter des « likes » ou des partages. C'est en s'engageant pleinement dans la vie, en acceptant nos limites physiques en tant qu'organisme, que l'on peut vivre réellement, parcourir le chemin qui va de la naissance à la mort avec enthousiasme et détermination et accomplir des choses remarquables.

Il n'y a qu'une façon d'atteindre la liberté : en comprenant qu'accepter l'ordinaire est le chemin pour aller vers l'extraordinaire ; en se lançant à corps perdu dans la multitude des actions banales et des petites tâches qui remplissent nos jours – notre seule voie de libération.

Humilité

Accepter que nous mourrons un jour est aujourd'hui l'acte d'humilité suprême – et on comprend qu'il soit si difficile pour beaucoup d'entre nous.

On nous sature de rêves où les intelligences artificielles nous amènent à un état de conscience plus élevé, voire à la vie éternelle ; et en attendant, lotions, potions et bistouris permettent de cacher la décrépitude de l'âge.

Nous nous montrons de plus en plus arrogants par rapport à nous-mêmes et au monde où nous vivons. Sans la moindre humilité, nous nous imaginons capables de nous tirer de n'importe quelle situation grâce à l'innovation technologique – changement climatique, pollution, misère, continents de plastique qui envahissent les océans et infestent jusqu'aux plus minuscules micro-organismes. Nous sommes des dieux, pliant les lois de la physique à notre volonté et transformant le monde matériel à notre image.

Pourquoi ? Parce que nous ratons l'essentiel.

Oui, nous sommes des créatures admirables par notre capacité à évoluer et à transformer notre environnement, notre mode de vie, et de survie à l'intérieur de celui-ci. Mais Laird croit que nous polluons nos plus belles idées, comme notre planète, à cause de nos motivations égoïstes – ce que les Grecs appellent *hubris*, notre orgueil démesuré. Et pourtant, face à l'inconnu, scientifique ou métaphysique, il faudrait garder notre humilité…

Laird avoue qu'il lui arrive parfois d'agir par orgueil, de faire preuve de manque de mesure dans certains comportements ; mais chaque fois qu'il s'en rend compte, il fait amende honorable et revient à son humilité fondamentale.

Ohana

Engagement et humilité sont aussi au cœur de la notion hawaïenne d'*ohana*. Chaque membre de l'*ohana* tire sa force de l'unicité de toutes les choses, qui motive ses mots et ses actions dans chacune de ses tâches – qu'il s'agisse d'allumer un feu, de changer un pneu, de débroussailler, de cultiver les champs ou de pêcher. Il en rend grâce avec l'*ho'oponopono* – l'action consciente, qu'il invoque afin de pouvoir mettre ses capacités et ses compétences au service de la collectivité. Ainsi, chaque individu se dévoue pour les autres, se met au service de la survie et du bien-être du groupe, de tous ceux qui sont reliés par l'*ohana*.

C'est cet engagement envers son prochain qui permet de relever les défis de l'existence. De façon surprenante pour un peuple aussi guerrier et conquérant, l'arrogance et la prétention sont mal vues chez les Hawaïens. Ils savent rester humbles face aux immenses forces de la Nature et du Grand Tout qui guide leurs interactions avec le monde et les gens qui les entourent.

L'humilité est un pilier sacré de la vision du monde hawaïenne. Elle est encouragée et respectée, y compris chez les plus jeunes, quel que soit leur caractère. Le problème de la société occidentale, c'est que nous avons perdu de vue ce principe fondateur – comme la vertu et la décence, l'humilité semble passée de mode. Dans notre vie à cent à l'heure, plus de place pour ces qualités qui fleurent trop le religieux.

Mais l'engagement de Laird dans sa vie, pour sa famille et sa communauté, est sans faille ni compromis. Son humilité envers ses propres échecs et ses moments d'orgueil peuvent surprendre tant il a accompli de choses. C'est ainsi qu'il garde les pieds sur terre.

Petit exercice pour garder les pieds sur terre

Quand on accepte enfin la réalité – la vérité immuable qui veut que l'on meure un jour – et qu'on embrasse pleinement notre existence au lieu de nous projeter dans un avenir hypothétique ou fantasmé, nous sommes enfin libres d'agir sans être encombrés par les illusions et les distractions si nombreuses de nos jours.

Une fois qu'on a compris que l'orgueil et la vanité, avec le sentiment de supériorité qui les accompagne, ne peuvent que nous empêcher d'accepter notre nature humaine faillible et fragile, nous pouvons enfin prendre notre vraie place dans le monde et auprès de ceux avec qui nous le partageons.

Toute théorie ésotérique à part, la question qui demeure est : « En quoi ceci me concerne-t-il ? Comment mettre ce principe en application au jour le jour ? » Aussi, nous vous proposons cette petite mise en pratique de l'humilité et de l'engagement, pour mieux garder les pieds sur terre.

Pensez à une personne à qui vous avez causé du tort, qu'elle en soit consciente ou non. Un vieil ami, la vendeuse de la boulangerie, votre compagnon, votre enfant, un collègue. Pensez à cette personne et demandez-vous comment vous pourriez réparer vos torts.

Imaginez-le, et engagez-vous à le faire. Vraiment. Mettez-le sur la liste des choses prioritaires. Dites-vous que vous l'accomplirez contre vents et marées. Que ça vous prenne une heure, un jour, un mois, un an ou toute une vie, faites-le.

« Faire du tort » est le maître mot ici. Car quand on cause du tort à quelqu'un, c'est presque toujours en étant persuadé d'avoir raison ; et la certitude peut être une émotion destructrice. Quand on croit avoir raison, on se sent bien, on se sent juste – c'est écrit dans un livre, dans la loi, ou dans l'arme qu'on tient à la main. Et bien souvent, on est tellement persuadé d'être dans son bon droit qu'on oublie qu'on peut se tromper. Or, rien de plus humain que l'erreur. La vraie richesse, c'est d'avoir l'humilité d'admettre qu'on s'est trompé et de s'engager à réparer ses torts.

LE CŒUR

Notre cœur se met à battre un jour,
et il ne s'arrête pas jusqu'à la fin.

LAIRD HAMILTON

Dans un monde où la pleine conscience et les mantras de bien-être sont légion, on oublie trop souvent la place capitale du cœur. Nous nous voyons comme des êtres supérieurs, et cet organe ne nous semble qu'un simple sous-fifre de notre cerveau.

On croit de plus en plus aux pouvoirs de ce dernier, superprocesseur de l'ordinateur que constitue notre organisme ; le cœur est réduit au rôle d'algorithme, de moteur de la machine dirigée par la tête.

Mais le cœur joue un rôle bien plus important dans nos capacités intuitives et dans l'équilibre de nos émotions. D'un point de vue scientifique, les avancées les plus récentes lui accordent d'ailleurs une importance qui rappelle les traditions holistiques des Anciens bien plus que la vision purement fonctionnelle qu'en ont certains biologistes.

Dans ce chapitre, Laird explore la signification symbolique et scientifique du cœur, pas seulement par rapport à notre évolution physiologique en tant qu'individus, mais aussi par rapport à sa fonction essentielle pour les créatures brillantes et sensibles que nous sommes.

Ce faisant, il révèle ses propres sentiments sur l'impact majeur de la façon dont nous concevons, entraînons et écoutons notre cœur pour vivre pleinement nos vies – et ce que nous perdons quand nous l'oublions et le reléguons parmi les organes de moindre importance.

LAIRD

Dans mon programme XPT, je connecte le cœur aux poumons. C'est dire s'il s'agit d'une priorité. Une bonne moitié, si ce n'est les trois quarts de mon entraînement va dans ce sens. Au fond, du point de vue du XPT, tout est orienté sur le *cardio* – sur le cœur, donc.

Quand on est au pied du mur, quand on risque l'échec, la question qui se pose le plus souvent pour les sports aquatiques, c'est : « Combien de temps peux-tu retenir ton souffle ? » Et c'est lié au rythme cardiaque. En position de méditation, je peux retenir ma respiration pendant cinq minutes après une préparation de dix à cinq minutes – remplir les poumons, faire baisser mon pouls, calmer le mental.

Mais après un mille mètres, par exemple, tenir trente secondes en apnée est un exploit. Vingt, c'est déjà bien. Voilà pourquoi une grande partie de ce que j'intègre dans mon cours XPT est liée au souffle. Quand je travaille sur des machines en retenant mon souffle – j'appelle ça le travail du souffle intérieur – ou en piscine, c'est pour améliorer l'hypoxie (l'entraînement de la respiration avec une oxygénation réduite). Ça reste toujours sous surveillance, et c'est plus sécurisé que, mettons, l'apnée libre.

Pour celle-ci, on commence par faire baisser le rythme cardiaque, puis on oxygène avant d'éliminer le CO_2.

On hyperventile. Mais ce faisant, on perd le signal d'alarme qui nous incite à respirer – ce réflexe qui nous force à inspirer à la fin du cycle.

Pour ma part, je préfère l'autre extrémité du cycle, quand le rythme cardiaque est élevé et que le taux de CO_2 n'est pas artificiellement diminué ; là, le signal d'alarme n'est pas supprimé par l'hyperventilation. Tous les signaux sont au rouge, on a besoin de respirer si fort qu'on peut tomber dans les vapes – c'est l'hypoxie cérébrale. Encore une fois, tout est lié au cœur, à notre capacité à contrôler la relation entre le cœur et la respiration.

J'ai quelques idées sur le rythme cardiaque ; la première, c'est qu'il faut que ça reste naturel. En sport, il y a une méthode qu'on appelle le *bonking*, qui consiste à aller chercher ses limites physiques, à provoquer volontairement une « panne », une hypoglycémie. Il s'agit de contraindre le système à tel point qu'on arrive à ses extrémités – le vomissement ou une autre réaction extrême. Dans la nature, on ne voit aucun animal faire ça. C'est selon moi un réflexe qui s'est d'abord développé par manque de mouvement. Pour moi, ça ne marche pas, et je ne m'y risque pas.

Ce que j'ai découvert, en travaillant avec un cardio-fréquencemètre, c'est que j'avais naturellement un système de guidage qui semble plus logique : quand mon rythme cardiaque est trop élevé, il redescend de façon naturelle. Quelque chose m'empêche d'aller plus loin, car ce serait l'échec assuré.

Dans mon monde, je ne peux pas me permettre d'avoir une défaillance physique. Si, pris dans un contre-courant, pendant que je nage, mon cœur monte si haut que je vomis, je risque de me noyer. C'est une situation dans laquelle je ne peux compter sur personne, personne n'est là pour me sauver. Je suis seul, et si mon corps me lâche, c'est la mort assurée.

Il faut donc développer un réflexe de survie plus en accord avec le fonctionnement naturel du système. Qu'il s'agisse de courir sur du sable ou de respirer par le nez (un moyen de réduire l'oxygène et de faire monter le rythme cardiaque), 50 à 75 % de mon programme XPT passent par cet entraînement cardio.

Dans ce programme, en piscine, on travaille avec des fréquences cardiaques élevées ; le souffle est capital, car il permet d'entraîner le cœur à faire circuler le sang et l'oxygène pour nourrir les muscles, le système. L'eau change beaucoup de choses ; en piscine, il devient plus facile pour le cœur et les poumons de trouver leur rythme, de se réguler automatiquement.

Les propriétés uniques de l'eau permettent au cœur de mieux travailler. La pression hydrostatique (…) facilite la circulation sanguine et le retour veineux (remontée du sang chargé en CO_2 vers le cœur). C'est ce qui explique comment la tension et le rythme cardiaque sont plus bas dans les exercices en eau profonde (…) et que le cœur effectue 10-15 battements de moins par minute pour un effort sous l'eau que pour le même exercice sur la terre ferme.

P.E DI PRAMPERO
The Energy Cost of Human Locomotion on Land and in Water
(*Coût énergétique de la locomotion humaine sur terre et dans l'eau*, non traduit)

Il existe entre le cœur et le souffle une relation harmonieuse. Le sang coule parce que le cœur le pompe, et l'oxygène est absorbé par les poumons. Voilà pourquoi le souffle et le rythme respiratoire sont directement liés au rythme cardiaque.

Le *bonking* et toute autre façon de stresser le cœur ne font donc pas partie de mes méthodes, car je cherche à créer un scénario en accord avec ce que je risque de vivre.

Sur les vagues, je n'ai aucune chance de me trouver dans un état méditatif, avec un rythme cardiaque minimal. Le simple fait de se lever sur son surf demande un effort cardiaque ; il faut donc que je me prépare à cela. Je n'ai pas besoin de techniques d'apnée sophistiquées et artificielles : ce qu'il me faut éventuellement, c'est pouvoir retenir mon souffle pendant que mon cœur bat très fort – et ça, ça demande de l'entraînement.

Dans le gros surf, le cœur passe avant tout. On le sent. Sur la vague, il bat comme un marteau-piqueur – et, avouons-le, c'est ce qui est excitant, et pas qu'un peu. Mais il faut le contrôler. On sait pourquoi ça se produit – on est là pour la vague, on s'est entraîné pour elle. Au moment où elle arrive, on a le cœur sur le point d'exploser. Tout le corps se prépare, et c'est épuisant. Mais ça va plus loin.

Il y a aussi, bien sûr, l'excitation de pouvoir prendre une autre vague, la simple anticipation augmente le rythme cardiaque.

> Certains surfeurs professionnels montrent, sur la vague [...] des fréquences cardiaques extrêmement élevées [pour une activité d'endurance] frôlant les 180 bpm pendant près de trois heures de surf intense.
>
> WILLIAMS, BENGTSON, STELLER, CROLL & DAVIS
> *The Healthy Heart: Lessons from Nature's Elite Athletes*[2]
> (*Le cœur sain : les leçons des plus grands athlètes*, non traduit)

---

[2] *Physiology*, sept. 2015, n° 30, p. 349-357. *Physiology*, sept. 2015, n° 30, p. 349-357.

J'utilise des techniques de respiration pour faire baisser mon rythme cardiaque et renouveler mon oxygène. Dans l'eau en particulier, on a tout intérêt à connaître des techniques pour ralentir le cœur – pour se calmer.

Dans mon monde, c'est une qualité indispensable. Quand on prend un *wipe-out* (crash dans la vague), il faut savoir ce dont le corps a besoin. On se fait engloutir par la vague, pousser vers le fond. Le système de défense prend le dessus : l'organisme est menacé, en danger. Il peut se noyer. Ce qu'il faut, c'est être entraîné pour être sûr que c'est le bon mécanisme de sauvegarde qui va se déclencher.

Quand tu te trouves pris dans la vague, il faut que le rythme cardiaque, très haut, ralentisse très vite – il faut te calmer, te détendre, rester presque immobile ; ne pas utiliser ses jambes, ou le moins possible, ne pas lutter contre le courant quand il te tient. Garder son calme, bouger peu, c'est la meilleure façon d'utiliser l'oxygène qu'on a dans le corps.

Voilà pourquoi, dans mon entraînement, on pousse le cœur à fond, jusqu'à son rythme maximal, avant de rester immobile : le but est de faire baisser le rythme cardiaque le plus vite possible, pour conserver l'oxygène. Car si on continue de lutter, le cœur reste en haut et l'oxygène peut se consumer très vite.

L'organisme connaît ces actions. Elles sont programmées en lui, de façon innée et naturelle. Nous trouvons d'instinct ces réponses, ces réflexes de survie automatiques. Bien sûr, il en existe de plusieurs types, qui se développent en fonction de la situation et de la fréquence de notre exposition à celle-ci.

Je pense que, à un certain point, la relation avec le cœur – et notre capacité à percevoir les réflexes automatiques, à les influencer, à les guider – devient une certaine forme de conscience.

Il existe bien entendu des techniques qui nous permettent d'atteindre ces réponses automatiques ; mais elles ont quelque chose d'artificiel, et le réflexe qu'elles déclenchent n'est pas réellement authentique. J'aurais beau retenir mon souffle aussi longtemps que je veux dans une piscine, les choses vont être différentes quand je vais être pris dans une vague géante.

D'accord, les réflexes peuvent être déclenchés dans des environnements contrôlés, mais je pense profondément que pour connaître la portée réelle des réponses automatiques, il faut les vivre en situation. C'est ce qui donne à l'organisme la véritable information, le contexte. J'ai l'impression que, sur mon surf, je suis capable de choses qu'il m'est impossible de reproduire ailleurs, malgré toute ma volonté.

C'est peut-être lié au fait que je me sens dans mon élément, plus que d'autres. La piscine, tout le monde peut y aller ; tout le monde peut suivre le même entraînement ; mais sur les vagues, je me sens moi-même, et les réponses de mon organisme viennent intuitivement, instinctivement. Elles sont différentes.

Bien entendu, on peut développer une partie de ces capacités de survie, les travailler ; mais elles font partie de notre organisme, un système complexe qui évolue depuis des millions d'années dans un environnement où tout constituait une menace. Le risque est notre nature, notre existence même.

Aussi, quitte à faire bouger les curseurs, il faut un jour ou l'autre être confronté à la menace réelle. En tant qu'organisme évolué, nous y répondons d'une façon plus puissante que dans un environnement contrôlé, face à un danger artificiel. Nous sommes programmés pour ça, pour reconnaître, grâce à de nombreux systèmes, quand la menace est réelle, et préparer alors l'organisme à aller jusqu'au bout.

Quand la menace est extérieure, l'organisme ne se prépare pas à ce qu'elle disparaisse, il n'a pas le choix. Néanmoins, il existe des pratiques et des techniques pour améliorer nos réponses automatiques, et c'est en particulier ce que vise notre programme XPT.

Notre cerveau fonctionne parfois comme un ultime mécanisme de défense. En fait, c'est lui qui alimente en grande partie le système d'alarme, et nous travaillons beaucoup sur cet aspect : la difficulté du mental à rester assis dans la glace, à retenir son souffle au fond d'une piscine avec des poids. Tout cela est lié au mental – ce sont des actes physiques, mais qui font l'objet de stimuli mentaux.

Et ce sont des réflexes magnifiques. Trembler dans la glace, se sentir mal dans la chaleur, avoir peur dans l'eau, redouter d'avoir le souffle coupé, ce sont des choses positives, qui nous poussent à un changement ; la panique, l'état de choc, sont là pour nous inviter à la transformation. Ce sont des états qui précèdent le réveil du système, de l'organisme.

De façon surprenante, quelles que soient les capacités individuelles, il semble au bout du compte que, dans cette situation « d'éveil », nous soyons tous très proches les uns des autres.

Certains, toutefois, ont été plus souvent exposés à des environnements dangereux, qui peuvent avoir déclenché leurs réponses automatiques ; ainsi, ils peuvent être habitués à gérer leur souffle, ou à lutter contre le froid ou le chaud. L'effet de choc disparaît. Voilà pourquoi nous le recherchons : pour aider l'organisme à se réveiller.

Pour qui n'est pas habitué au froid, être plongé dans la glace déclenche une réponse immédiate : la volonté d'en sortir. Le choc est comme un coup de fouet ; on commence immédiatement à hyperventiler. Le système reconnaît le danger, exige qu'on s'en aille. L'intelligence de notre organisme sait que l'eau glacée peut entraîner une défaillance cardiaque, un arrêt de la machine. Il hurle : « C'est un mauvais environnement ! » C'est comme pour les autres stimuli du danger – araignée, serpent... –, merveille de l'évolution, mon organisme me crie : « Éloigne-toi de ces choses dangereuses. »

Car il sait d'expérience que, dans l'histoire de notre évolution, ces menaces se sont révélées des dangers réels pour l'organisme et pour l'espèce. Nous avons donc appris à y répondre automatiquement.

C'est la partie mentale de mon entraînement basé sur le cardio et l'endurance : apprendre à stopper le réflexe de fuite et à aller au-delà. Alors, l'organisme se met à penser de la façon suivante : « D'accord, on reste dans la glace, bien que j'hyperventile, ce qui devrait me pousser à sortir de là ; alors, bon ! On y va. Je retrouve mes esprits, je fais ce qu'il faut pour survivre. Je commence par les hormones. Je baisse toutes les fréquences. L'important, c'est d'emmener le sang jusqu'aux organes. Je vais me débrouiller pour faire l'essentiel dans cet environnement hostile. »

Quand, donc, on ne réagit pas à la première impulsion qui nous exhorte à quitter l'eau glacée, on en reçoit une autre qui consiste à organiser le corps pour qu'il supporte ce qui l'entoure. C'est le moment de la transformation.

Et le point essentiel dans celle-ci, c'est le cœur. Tout ce que nous faisons a trait à notre cœur. Quand mon corps me dit : « Respire par le nez, ça t'aidera », c'est parce que de cette façon, mon rythme cardiaque va baisser. On respire pour calmer le cœur.

Au bout du compte, tout est relié au cœur, car c'est un organe essentiel. Tout est à son service. Même notre intestin, dont on connaît aujourd'hui le rôle central de chambre d'écho sensorielle de notre inconscient, reste dépendant du cœur. Et il y a une très bonne raison pour ça, une raison liée à notre évolution : c'est lui qui nous a aidés à émerger en tant qu'espèce.

Il y a eu une époque où on survivait à beaucoup de choses. On pouvait se tirer d'un grave traumatisme cérébral, mais pas d'une malformation cardiaque ; on pouvait vivre avec un seul poumon, pas avec la moitié d'un cœur.

Notre cœur est un organe essentiel. Notre survie dépend de lui, et pas seulement de façon mécanique. Ce n'est pas un hasard si, sur toutes les cartes de la Saint-Valentin figure un cœur : nous savons de façon instinctive que le cœur est lié à l'amour, et c'est une réalité. Si le cœur symbolise ce qui caractérise l'humanité, c'est parce qu'il rassemble nos deux pôles – il relie la science et l'esprit.

Bien plus que comme un mécanisme de pompe, le cœur fonctionne comme un organe sensoriel, un centre de traitement et de codage d'informations complexes. Les dernières découvertes dans ce champ relativement récent qu'est la neurocardiologie (en particulier les travaux du Dr J. Andrew Armour, pionnier dans ce domaine) montrent que le cœur bénéficie d'un système nerveux indépendant suffisamment sophistiqué pour qu'on puisse le qualifier de « petit cerveau ». Avec plus de 40 000 neurones et des circuits complexes, il peut sentir, réguler et se souvenir. Plus encore, ce « cerveau du cœur » peut traiter des informations et prendre des décisions indépendamment du système nerveux central.

MCCARTY, ATKINSON, TOMASINO & BRADLEY
The Coherent Heart: Heart-Brain Interactions, Psychophysiological Coherence, and the Emergence of System-Wide Order[3]
(*Le cœur cohérent*, non traduit).

Bien sûr, nous sommes capables aujourd'hui de prouesses technologiques – transplanter des cœurs, les remplacer par des pompes ou les réparer grâce à des systèmes mécaniques à l'intérieur du corps. C'est peut-être pourquoi nous souffrons autant de voir quelqu'un dans le coma – cela nous trouble.

[3] Integral Review, déc. 2009, vol. 5, n° 2.

Pour moi, de façon très traditionnelle, le cœur et le souffle restent le symbole de la vie. Quand ton cœur ne bat plus, c'est que tu es mort. La question, alors, c'est la conscience. On peut avoir un système qui fonctionne, un cœur qui bat, un corps qui vit sans le cerveau ; mais l'esprit, l'âme, n'y est plus.

C'est ce qui est arrivé avec ma mère.

Je comprends, bien sûr, comment le cerveau fonctionne. Et je peux comprendre qu'en notre siècle de l'ordinateur, il semble essentiel. C'est un très bon outil, quand on voit le monde sous la forme d'algorithmes. Mais le cerveau, ce n'est pas la conscience, ce n'est pas l'intuition. Ça, c'est un autre niveau.

L'intuition, c'est la façon dont notre inconscient s'applique dans notre monde conscient – une sorte d'interprète pour l'organisme. Son rôle est de transformer les informations et les activités invisibles en signaux que l'on peut percevoir et traiter. Nous ne sommes pas qu'un cerveau relié à une machine à protéines.

C'est une question qu'on se pose parfois quand on entend parler de gens qui ont été plongés dans un coma profond – pas de signes vitaux, pas de réponse, rien – et qui en sortent. Que se passe-t-il, alors ? Le « petit cerveau » a-t-il pris le relais ? S'est-il occupé de gérer les informations, les sentiments ? A-t-il fonctionné comme un mécanisme de secours pendant que le cerveau était aux abonnés absents – ou en train de se réparer ?

Je ne crois absolument pas que le cœur soit juste une pompe, une « question de plomberie ». Je pense qu'il s'agit d'une conception dépassée, et que la médecine va découvrir des choses étonnantes dans ce domaine. L'âme, l'esprit, le ressenti, et ce que la science sait de nous : cela va se rejoindre. On va relier les pointillés.

Tu as déjà eu le cœur brisé, non ? On sait tous ce que ça fait, la douleur. La perte. Les sentiments, les souvenirs, les sensations, l'intimité, tout ça – où est-ce que ça fait mal ? Juste là. Le cœur, c'est l'essentiel. À la croisée des chemins.

On a l'impression que notre cœur est un organe sensible, et pas seulement pour des raisons sentimentales : on ressent les choses avec lui, parce qu'il réagit à tout ce qui se passe autour de nous ; oui, c'est lui qui fait tourner la machine, qui nous garde en vie. Mais vivre, ça va bien au-delà de ça. C'est ressentir, et c'est notre cœur qui répond, à la fois phare et boussole. Autour du cœur humain se trouve un champ électromagnétique, capable de reconnaître d'autres champs, d'y réagir, d'interagir avec eux. Avec les autres cœurs. Je n'invente rien, c'est scientifique.

Le cœur génère le plus grand champ électromagnétique du corps... d'une amplitude près de 60 fois supérieure à celle enregistrées par un électroencéphalogramme... et qui peut être mesurée à près d'un mètre du corps (...) et les signaux magnétiques produits par le cœur d'une personne peuvent influencer le rythme cardiaque d'un autre individu.

ROLLIN MCCRATY
The Energetic Heart: Bioelectromagnetic Communication within and between People[4]
(*Le cœur énergétique : la communication bioélectromagnétique entre les personnes*, non traduit).

On sait depuis toujours que le cœur est le point de rencontre de nos dimensions physiques et métaphysiques – cette croyance existe dans pratiquement toutes les cultures, parce qu'on le sait intuitivement. Voilà ce que je veux dire par la formule « soit ce sont des maths, soit on n'y comprendra jamais rien ». Et ça ne me gêne pas, mais c'est vrai.

Il se passe des choses entre les gens, et entre les gens et leur environnement. Des choses qui ont trait à l'énergie ; et l'énergie physique, ça se trouve au départ dans le cœur. C'est là qu'on ressent ce qui se produit. Les champs électromagnétiques, le pouls, les ondes à grande échelle. Et si c'est une énergie que d'autres

[4] *The Neuropsychotherapist*, juillet 2003.

créatures peuvent sentir, peut-être voir, à la surface de l'océan, c'est que celui-ci est un supraconducteur. L'eau fourmille d'énergie.

Comment je le sais ? Parce que mon instinct me le dit. Quand j'entre dans l'eau, il se passe quelque chose. Et mon cœur est au centre de cette expérience. Entrer dans une vague, c'est d'une intimité qui va au-delà des mots. Il y a plus que l'expérience, que l'émotion d'être dans un tunnel d'eau vivant, il se produit à cet instant un échange d'énergie.

Les Anciens le savaient. Depuis, on a appris des choses – mais plus on en apprend, plus on s'éloigne de leur vision, avec le cœur au centre de tout – pour se soumettre au cerveau. « Hé ! Regardez, on est humains ! Vous avez vu la taille et la capacité de nos cerveaux ? » L'ego nous a déconnectés de nous-mêmes. Nous avons perdu notre cœur, de bien des façons.

Le mot hawaïen pour « cœur » est *puuwai*, littéralement « morceau d'eau ». Il fait référence à la tradition polynésienne qui voit le cœur comme un élément composé d'eau, la matière première de la vie et de l'énergie.

PAUL PEARSALL
The Heart's Code (*Le code du cœur*, non traduit)

Voilà pourquoi on dit de quelqu'un qu'il a « du cœur », que le mot « cœur » lui-même a formé « courage », et qu'il désigne le centre de quelque chose. C'est notre expérience, c'est notre organisme qui parle. Le cœur est primordial, central, et nous le savons.

Quand tu termines une longue randonnée ou un effort intense, que tu frôles l'épuisement et que ton cerveau t'exhorte à arrêter, tu te concentres sur ton cœur ; c'est ta réserve ultime, là où tu vas chercher tes dernières forces. C'est lui qui te distingue des autres, lui qui recèle tes véritables capacités individuelles.

Ta relation avec ton cœur est au centre de tout.

Tout est connecté à lui, à son service. Il y a plus qu'une raison mécanique à cela. Le fait que l'oxygénation ralentisse le cœur, que l'on puisse maîtriser son rythme cardiaque en contrôlant sa respiration, est au service du cœur, du centre de l'organisme, qui en est le maître.

Poumons et cœurs entretiennent une relation unique dans les organes. Tous, bien sûr, sont reliés au cœur, qui les nourrit et les fait fonctionner, mais le lien cœur-poumon est différent.

Moi, je vois le cœur comme un gouverneur et les poumons comme des guérisseurs. Le cœur est toujours central, plus que tout autre organe, dans notre bien-être émotionnel et physique. Et j'essaie de respecter ceci, pas seulement dans mon entraînement, mais aussi dans mes relations avec les autres – dans ma vie personnelle, avec Gabby, avec mes enfants, mes amis, les gens que je rencontre. Ça compte autant pour mon cœur que ce que je fais dans mon entraînement XPT en piscine.

[Dans la culture hawaïenne, on pense que le cœur
se trouve dans l'âme inférieure, le *unihipili*.]
En fait, ce moi inconscient contrôle le corps :
les muscles, les organes, les sens et le système nerveux.
Il est le siège des émotions, de la mémoire, de l'instinct
et de la survie… Il donne aussi des informations
sur le corps par les niveaux d'énergie, le rythme cardiaque,
la température, le plaisir et la douleur. Il utilise
la force vitale, ou *mana*, pour remplir ces fonctions.

CHARLOTTE BERNEY
Fundamentals of Hawaiian Mysticism
(*Fondements du mysticisme hawaïen*, non traduit)

C'est une question d'équilibre. Quand, en parlant du cœur, on ne pense que « forme physique » ou « exercice », on rate quelque chose d'essentiel.

Voilà pourquoi nous disons que le XPT est un mode de vie, pas juste un entraînement. Bien sûr, il y a un entraînement, une préparation. Mais c'est aussi une communauté. Ça va bien plus loin qu'une séance de fitness. Au bout du compte, c'est un style de vie, une façon de vivre en lien avec ce qui nous entoure, avec notre inconscient, notre esprit, notre cœur. C'est la connexion de toutes ces choses.

C'est comme la notion d'*ohana*, de famille. Je pense que c'est ce que nous créons dans nos vies, avec ceux qui la partagent : un sens de la famille, de ce qui compte. Notre façon de prendre soin des autres, de vivre ensemble.

Je crois que s'il y a quelque chose de très dur pour lui, c'est le fait d'avoir trois filles. Ça veut dire qu'on ne peut pas tout contrôler, et quand il leur arrive quelque chose de triste, je sais que Laird souffre de ne pas pouvoir les aider davantage. Sa première réaction, c'est « OK, je vais réparer ça ». Mais c'est impossible. Aussi étonnant que ça puisse paraître, je crois que ça lui brise le cœur. Je crois que c'est quelqu'un de très sensible, qui ressent les choses plus profondément que la plupart des gens.

GABY REECE
Épouse de Laird

Pour cela, on ne peut pas rester isolé. Nous sommes des créatures sociales. Nous avons évolué ensemble, côte à côte, en tant qu'espèce. Je ne peux être pleinement moi-même si je ne m'occupe pas des autres – des gens que j'aime, de mes amis, de ma communauté, de mon peuple ; si je ne prends pas autant soin de mon cœur et de mes émotions que de mon corps. C'est comme une roue qui ne tient que par l'ensemble de ses rayons. Pour moi, tout est connecté, et le cœur est comme le « petit cerveau » au centre de tout ça.

Tout grand guerrier sait montrer de la compassion, et Laird en particulier. Quelqu'un a besoin d'aide ? Il arrive, sans même se poser la question – il est comme ça. Quand quelqu'un souffre, ou n'est pas bien, Laird le sent – et il peut être très lourd avec ça ! Parfois, il se montre presque dur : s'il sent une faiblesse, il peut chercher la petite bête, surtout quand c'est quelque chose qu'il ne comprend pas ou qui ne résonne pas en lui. Il lui arrive de dire des choses qui font mal, de façon brutale, sans filtre.

GABY REECE
Épouse de Laird

Beaucoup de mecs se la jouent « C'est moi le mâle alpha, OK ? » Mais quand on leur parle d'émotion, quand on exprime ce qu'on sent profondément, on les voit changer de tête. « Quoi ? On va vraiment aborder ce sujet ? » Pour ce genre de types, les sentiments, c'est de la *kryptonite*, de la faiblesse en barre. Pas pour moi. Je pense que nier ses sentiments n'est pas une bonne stratégie de survie. C'est une stratégie perdante.

Un de mes livres de chevet, intitulé *Tous des héros*, de Christopher McDougall, dit que le plus grand trait de caractère chez un leader, c'est la compassion. Pas le courage, la force ou l'endurance : la compassion. Le cœur, quoi. Au centre de tout.

On peut être le plus costaud, le plus méchant : sans compassion, on n'est rien. La compassion demande de la conscience, du cœur.

Pour moi, si on ne sent pas, si on n'agit pas avec le cœur, on est voué à l'échec. C'est exactement ce que veut dire « mettre tout son cœur à quelque chose » : impliquer dans un projet aussi bien l'intuition et l'émotion que le physique et le psychologique. Ce qui demande de la compassion. Pas que ça, bien sûr, mais il en faut ; et ça demande du courage d'en montrer. Il faut être brave pour faire preuve de compassion même dans les situations les plus difficiles, pour mettre son cœur à nu.

Je ne sais pas si vous avez remarqué, mais Laird a des yeux très féminins. Vraiment. Un regard très sensible. Parfois, il y passe des lueurs sauvages, mais ils restent très féminins, et pour moi ça témoigne de cet esprit-là, d'un côté émotionnel très développé. Il est bien plus sensible que moi, beaucoup plus reconnaissant envers les autres.

GABY REECE
Épouse de Laird

Au final, évidemment, chacun fait ce qu'il veut. Entraîne-toi autant que tu en as envie, si c'est ce qui te fait plaisir. Pour moi, qui suis très physique, ça a marché, mais au fond je trouve que c'est limité. Pas réel.

Il faut de la profondeur, des émotions réelles. Les gens qui passent notre programme Xtreme Performance Training (XPT) en sortent changés. On voit la transformation. Ça se lit sur leur visage : « Ça y est, j'ai compris. Je suis éveillé. » À eux, ensuite, de décider de ce qu'ils vont faire de cet organisme éveillé ; nous les avons aidés à découvrir ce qui dormait en eux, ou qu'ils connaissaient mal. Comme je l'ai dit, certains arrivent avec une certaine idée de ce qu'ils ont sous le capot, d'autres non.

Ce qui me frappe, c'est sa tendresse, sa gentillesse. Je me souviens de l'amour qu'on a pu ressentir avec lui – quand il a dit : « Regardez cette piscine, elle est pleine de *mana*[5]. On se sent si bien ici, on la remplit de *mana*. » Il y a une réalité physique qui transforme cette eau, ou peut-être est-ce l'esprit des gens dans la piscine ?

RANDALL WALLACE
Scénariste, participant au XPT

Les gens que nous entraînons vont plus loin. Ils continuent à apprendre, à évoluer, à s'explorer eux-mêmes. Le XPT, c'est ça, une exploration totale de soi. Bien sûr, on travaille le souffle, le cardio, on pratique l'entraînement hydrostatique, en milieu brûlant ou glacé ; mais on fait aussi des travaux d'intérêt

5 « Mana » est la force vitale dans les croyances hawaïennes.

général, on traîne ensemble, on va dans la nature, et on écoute des conférences qui nous informent et nous inspirent, qui nous poussent à continuer cette recherche sur notre vie et sur nous-mêmes.

Nous étudions la nutrition, l'hydratation et tous les outils qui aident le cœur, qui le soutiennent dans toutes ses dimensions – nous ne nous contentons pas de muscler la pompe.

Notre alimentation, nos pensées, notre souffle, le chaud et le froid, la natation, la course, tout ça est au service du cœur. Car il est au centre de tout, non ?

Entrepreneur aux pieds nus

Le « pourquoi », au cœur de la question

Vous cherchez des infos sur le point de bascule entre succès et échec ? Le « pourquoi » est une très bonne piste.

Au-delà des bilans comptables et des opérations, nombre d'entreprises qui réussissent citent comme clé de leur succès la clarté de leur mission, de la tâche qu'elles se sont fixée.

Le fait de savoir pourquoi on se lève le matin, ce qu'on cherche à faire, permet de changer de paradigme, aide à faire le point sur la performance, la culture et les résultats, aussi bien pour le chef d'entreprise indépendant que dans les grandes sociétés.

Un but bien défini engendre de la clarté, de l'innovation à la gestion des ressources humaines, des objectifs au client. Il constitue un phare pour tous.

Ci-dessous, Laird et Gabby parlent du fait de se connaître soi-même, d'être clair dans ses objectifs et les raisons qui nous poussent. Pour eux, c'est la plus grande source de résilience dans les affaires, et ils en expliquent les bénéfices et les récompenses.

LAIRD

Toutes les affaires dans lesquelles je m'engage doivent avoir un sens, un lien avec moi.

Les secteurs dans lesquels je travaille sont un reflet de mes propres besoins. Je veux des produits authentiques. Si je ne m'en sers pas – pour les porter, surfer avec, les manger – si je n'y crois pas, ce n'est pas la peine.

Côté équipement, je pars du matériel que j'utilise, ou du matériel que j'ai développé pour d'autres.

Le XPT, c'est mon style de vie, comme tout ce qui y est relié. Ça garantit son authenticité. Je ne m'investis pas dans quelque chose pour des raisons strictement financières. Même quand l'objectif est de faire de l'argent, autant y parvenir avec des choses dans lesquelles on croit. Tous les secteurs dans lesquels je suis présent sont en lien avec la santé, le bien-être et le sport.

Le Golfboard, pour lequel j'ai collaboré avec BMW, est ainsi une façon de rendre le golf plus attirant, plus sportif, et c'est quelque chose auquel je tiens. Une planche, un moteur électrique, et voilà qu'on peut surfer sur le green.

Ce projet-là, pour moi, est plus dans le concept. Je sers de tête d'affiche, mais j'ai tout de même une participation dans la conception. Je travaille aussi sur du matériel, autour du stand-up paddle et de mon nouveau *eFoil* ; sur des biens de consommation, avec la marque Superfood et la ligne de vêtements Apparel. Ensuite, il y a le XPT, un projet basé sur une expérience de remise en forme, de santé et de style de vie.

Tout cela est un reflet authentique de ma philosophie, de mon style de vie. Quelque part dans tous ces projets, on retrouve l'ADN de ce en quoi je crois – sans quoi je ne me lance pas. Je parle aussi des marques avec lesquelles je suis associé, comme Land Rover ou Yamaha. Même avec mes sponsors, j'entretiens un lien authentique, même si ça n'est pas toujours dans le cadre d'une application pratique ; au minimum, on est en accord sur le plan de la philosophie d'entreprise.

Le monde manque de sincérité, parce que beaucoup de gens se lancent dans des affaires en disant simplement : « Hé ! Je fais un truc nouveau pour gagner du fric. » Ça déconnecte de tout, on ne fait pas les choses que pour l'argent.

Je pense que les meilleures idées, les entreprises qui marchent le mieux, viennent d'une vraie passion. Prenez Apple ou Google, au départ, il y a cette authenticité. Ce qui se passe ensuite, les erreurs qui peuvent être commises, c'est autre chose ; mais au départ, il y a cette sincérité, cette passion vraie.

À partir de là, il est plus facile de s'investir, de consacrer du temps et des efforts. Je suis convaincu qu'on peut agir bien et réussir. Gagner de l'argent en faisant le bien. Comment faire pour que nos produits soient bons pour les gens ? C'est la vraie question des gens sincères dans les affaires.

Pourquoi perdre son temps à faire autre chose ? La vie est trop courte pour se consacrer à des choses qui ne nous intéressent pas et pour lesquelles nous ne sommes pas faits. Trop courte pour dépenser notre énergie dans des entreprises qui, d'une façon ou d'une autre, ne profitent pas à la planète, ne font pas de bien au monde – ou au moins ne font pas de nous une personne meilleure.

En fait, ce qui marche, c'est ce qui nous rend heureux – quand tu fais le bien, tu te sens bien.

Par exemple, maintenant que ma marque est connue, je peux me lancer dans la production de planches. Mais il nous faut quelqu'un pour les distribuer. C'est comme pour Apparel, où nous avons besoin d'un partenaire stratégique qui peut gérer l'infrastructure et la distribution, parce que ce sont des domaines qui exigent des connaissances et des compétences particulières, une expérience que je n'ai pas. Voilà où la clarté et la concentration sont nécessaires. Il faut savoir se concentrer sur ses forces, et consulter des experts dans les domaines qu'on connaît mal ou dans lesquels on a des faiblesses.

C'est à toi de décider. Il y a certains secteurs où tu peux partir de rien, comme mon café Creamer pour Superfood – là, la distribution se fait par Internet. Des surfs, en revanche, c'est plus compliqué à vendre en ligne. Il faut comprendre que chaque business a ses propres exigences, suivant sa nature.

Et quand on veut lancer plusieurs affaires à la fois, il faut de l'authenticité pour mener sa barque. C'est comme la colonne vertébrale de l'ensemble, c'est ce qui lui donne sa force et sa cohérence. Elle est nécessaire, parce que gérer plusieurs entreprises demande beaucoup d'efforts et, parfois, plusieurs partenaires.

Quand on invente le Golfboard pour les parcours de golf, ça ne se résume pas au design et à la production de planches. Il faut des commerciaux qui se rendent sur place pour tenter de convaincre les propriétaires des golfs. Ce n'est pas la même chose de vendre des produits sur Internet, directement ou par un site marchand, que de faire venir des participants à un stage de remise en forme. Voilà pourquoi chaque secteur peut demander un partenaire stratégique différent.

Il y a des gens qui s'imaginent qu'avec un capital, on peut tout faire. Oh, bien sûr, ça aide, à condition d'avoir le temps et l'expérience. Mais certains projets ne peuvent pas attendre indéfiniment – à un moment ou un autre, il faut lancer le produit sur le marché.

Ça dépend aussi de la maturité du projet.

Le Golfboard est sur la sellette. Infiltrer le marché du golf n'est pas une tâche aisée. Nous examinons la possibilité de fabriquer des planches pour l'extérieur des parcours, pour des lieux de villégiature et de loisir, ou pour un usage du genre sport d'aventure. Mais, pour l'instant, ces véhicules produits en Angleterre ont des coûts de production très élevés, qui se répercutent sur le prix de vente et limitent la clientèle. Nous cherchons donc d'autres façons de les produire.

En ce moment, ce qui me passionne le plus, c'est le secteur de la diététique, qui est celui qui marche le mieux. Le XPT me prend aussi beaucoup de temps, parce qu'il vise à promouvoir un style de vie sain et qu'il marque vraiment les participants. Mais il n'a pas le même impact que les produits alimentaires, pour lesquels les perspectives de développement sont immenses, et que nous poussons à fond.

Au bout du compte, si je réussis, si mes entreprises fonctionnent, ce sera pour les filles. Ça me permettra de les soutenir et de les aider financièrement dans leur avenir, ce qui ne serait pas le cas autrement. Mais, soyons honnêtes, je ne le fais pas que pour elles. Pour Gabby et pour moi, c'est aussi un moyen d'aider d'autres personnes.

Pour moi, les affaires doivent être en lien avec ce en quoi on croit. Gagner de l'argent pour gagner de l'argent, ça ne m'intéresse pas. Ce qui m'intéresse, c'est d'accomplir des choses en accord avec mes convictions – ça fait partie de la vie.

Quand on croit sincèrement en quelque chose, le succès consolide cette foi. Il la confirme.

C'est un peu comme le stand-up paddle. Même à l'époque où ça n'intéressait personne, j'y croyais. Aujourd'hui, c'est un sport répandu sur toute la planète. Pour moi, ça confirme que c'est quelque chose de spécial.

Nous avons tous besoin de mettre notre intuition à profit, que ce soit au travail ou dans la vie. Nous devons laisser les choses suivre leur cours naturel.

Le temps et l'attention que nous consacrons à une activité montrent sa valeur. Peu à peu, on apprend à écouter l'instinct qui nous pousse à nous occuper des choses qui en ont le plus besoin, qui nous procureront un bénéfice. Si tu donnes tout ton temps à quelque chose qui ne marche pas, à toi de te demander si c'est la meilleure façon de gérer ton temps. S'il n'y a pas de résultat, tu peux te poser des questions sur le volume d'effort que tu y consacres.

Mais au-delà du temps et des efforts, je pense qu'il faut, avant, se fixer des priorités. Ça paraît évident, mais pour moi, c'est capital. Dans mon monde, sur l'eau, c'est ce qui fait toute la différence, et on apprend très vite que c'est une question essentielle. Si, sur l'océan, tu perds de vue tes priorités, tu peux te retrouver très vite dans de sales draps. De ce point de vue, surfer une vague ou surfer la vie se ressemblent beaucoup.

Voilà pourquoi, même dans mes affaires, je mets la santé au-dessus du reste. Parce que si je ne vais pas bien, tout le reste est compromis. Je ne peux rien faire si je ne suis pas au mieux de ma forme, car tout est lié. Mes entreprises sont une extension de ce que je fais sur et dans l'eau, et mes priorités ne changent donc pas.

Parfois, j'entends des gens dire : « Je ne fais que ce où je m'investis à 110 % » – c'est une recommandation qu'on trouve dans pas mal de manuels de « business extrême ». Tout donner à son entreprise, y consacrer chaque heure et chaque seconde. J'ai de gros doutes là-dessus. Qui a dit qu'un accro au travail était plus productif que les autres ? Le nombre d'heures de travail n'a aucune importance si on ne pense pas à améliorer sa forme physique et mentale. Je préfère quelqu'un qui travaille quatre heures à son maximum que quelqu'un qui travaille médiocrement pendant huit heures.

C'est toujours la question : combien de temps faut-il vraiment consacrer à un projet, quand ce temps est utilisé de manière intelligente et précise ? Si ce qui compte, c'est ton produit, la qualité et la satisfaction des clients, pas question de payer au rabais du temps de travail effectué à contrecœur. Je préfère payer plus cher du travail bien fait, et qui prend moins de temps. C'est la solution « agile », mais pas seulement. Ça permet aussi de respecter les valeurs des gens ; et quand on demande à chacun de s'investir, ce respect est primordial.

Assure-toi de t'entourer de gens très compétents et qui te comprennent ; parce qu'à un moment ou un autre, il te faudra déléguer des tâches, au moins en partie. À ce moment-là, il faut être certain de la capacité de travail des gens qui t'entourent. Vaut-il mieux 500 personnes qui travaillent à 75 % ou 100 personnes qui travaillent à 150 % ? Et pour motiver ces gens, il faut soi-même être à fond, et mettre les mains dans le cambouis.

Trop de gens oublient – ou n'ont jamais su – ce que c'était de se donner à fond. Moi, j'aime continuer à me salir les mains, pour ne pas oublier l'effort que nécessite chaque tâche, et pour être capable d'apprécier ceux qui le font. Mieux que ça, il s'agit de les comprendre vraiment, pas seulement de dire : « Ah ! Oui, j'imagine que ça doit être dur. » C'est faux. On ne comprend que ce qu'on fait vraiment – et donc, il faut être prêt à aller nettoyer les chiottes pour pouvoir ressentir à quel point c'est difficile. C'est seulement à cette condition qu'on peut comprendre le sort des gens qui le font.

Et quand l'entreprise est personnelle, authentique, quand c'est la tienne, tu ne peux pas, contrairement aux grandes entreprises, t'offrir le luxe de la médiocrité. Tout doit être au top, chacun doit être à fond, et y croire vraiment.

Bien sûr, il faut donner une chance à tout le monde, mais on sait d'instinct, on sent le potentiel des gens. Ça n'est pas compliqué de les comprendre. J'ai entendu ce dicton : « Donnez du travail à ceux qui sont occupés, parce qu'ils sont doués, et ne faites pas travailler ceux qui sont disponibles, parce qu'ils ne font rien. »

Mais pourquoi sont-ils disponibles ? Parce qu'ils n'ont pas d'autre tâche en cours. Quand on se trouve forcé de déléguer, la clé de la réussite, c'est de laisser les gens faire à leur façon, pas à la vôtre.

C'est compliqué, évidemment. Quand on ne fait pas quelque chose soi-même, il faut accepter que les autres le fassent à leur façon, pas à la nôtre. Si on n'y parvient pas, on va leur casser les pieds encore et encore pour qu'ils travaillent à notre manière... mais est-ce vraiment une utilisation intelligente de notre temps ?

Je crois aussi que le choix du partenaire et son adaptation ou non dépend beaucoup de la chance : il peut arriver que quelqu'un échoue à un poste spécifique, dans un travail donné, alors qu'il serait parfait pour un autre. Ça, il faut le deviner d'instinct, et c'est tout un art. Il me semble que les gens qui réussissent le mieux sont ceux qui savent sentir ces choses.

Le plus dur, c'est quand cette intuition nous fait faux bond, et qu'il nous faut nous séparer de ces personnes.

C’est désolant. Mais à y réfléchir, ce n’est pas le plus destructeur pour eux – le plus destructeur, ce serait de les laisser faire sans rien dire.

Il me semble que parfois, on a peur de dire la vérité, parce qu’on ne veut pas blesser les gens ; mais ça risque de nuire au succès de l’entreprise. C’est comme dans une relation : il faut pouvoir parler librement, sans quoi on perd son temps et celui de l’autre.

Et on ne peut pas l’éviter. Quand on se lance dans quelque chose, il faut y mettre tout son cœur, et accepter ce qui vient, le bon comme le mauvais.

GABBY

L’engagement de Laird est total sur l’eau, comme à la maison et entre nous. Dans les affaires, bien sûr, c’est un peu différent. Là où il est sûr à 100 %, où il est le seul maître, c’est vraiment sur la vague. Au niveau de ses entreprises, son engagement est moins total, mais tout aussi productif et constant. Il a des idées tout le temps, qui lui viennent comme ça ou qu’il creuse longuement.

Je pense au café Creamer – au début, ce n’était qu’un hobby pour lui. Il a toujours aimé le café. Peu à peu, il a compris que ça constituait aussi un moyen d’améliorer la santé autant que les performances. Au début, c’était juste sa façon de se réveiller le matin. Mais il s’est documenté, il est allé plus loin, et le sujet est devenu important pour lui. Il a commencé à se faire livrer des cafés d’un peu partout dans le monde, y compris quand nous étions en déplacement : où qu’on aille il y avait toujours des cafés délicieux. Sa passion et son intérêt pour ça sont authentiques. Et quand il s'est aperçu que ça influait sur ses performances et son bien-être, c'est devenu encore plus important. Voilà comment est née l'entreprise.

Laird ne fait jamais les choses à moitié. Côté pro, il va toujours plus loin que le strict nécessaire, qu'il s'agisse d'une séance de dédicace ou d'un programme XPT. Il est comme ça. Quoi qu'il fasse, il donne tout. Mais il sait s'arrêter. La seule chose pour laquelle il ne compte jamais, c'est le surf et sa famille, parce que c'est ce qui le nourrit. Il est suffisamment malin pour se demander : « Si je renonce aux grosses vagues et à l'océan pour inventer des trucs et lancer un business qui va me rapporter des tas d'argent, est-ce que je serai vraiment plus heureux ? » Et la réponse, il la connaît : c'est non. Parce qu'il n'y mettrait pas tout son cœur. L'idée ne le tente même pas, parce que ce n'est pas lui, tout simplement.

Laird est généreux en tout. Je pense au stand-up paddle : ce n'est peut-être pas lui qui l'a inventé, parce que ça existe depuis des siècles, mais c'est lui qui en a fait ce qu'il est aujourd'hui, avec l'équipement moderne. Et pourtant, il n'en a pas réellement tiré d'argent. Parce que pour lui, c'est secondaire, il voulait juste pratiquer le paddle et, pour ça, il lui fallait le meilleur matériel possible.

C'est le secteur le moins rentable pour lui – la preuve que ni ses envies ni ses efforts ne sont motivés par l'argent.

Souvent, quand il se lance dans quelque chose, c'est parce qu'il en a envie et que ça n'existe pas, ou que ça existe mais que ça demande à être amélioré. Voilà, au fond, à quoi ça se résume : Laird innove par besoin, par fonction, et pas par vanité.

C'est comme quand Will, notre partenaire pour la ligne de vêtements Laird Apparel, a proposé d'ajouter des fils d'acier à la trame de nos shorts. Cool, bien sûr, et innovant... mais c'était surtout parce que Laird déchirait régulièrement les siens, et qu'il fallait les renforcer.

En fait, tout est très simple : pourquoi a-t-il construit ses premières planches de paddle ? Parce que personne n'en faisait. Il a demandé à Quickblade de faire les avirons, plus longs et légers – ceux qui existaient étaient bien trop lourds.

Voilà donc sa philosophie d'entreprise : c'est soit une passion, soit un besoin. Parfois aussi, c'est une idée qui lui vient, deux points qu'il relie. Quoi qu'il en soit, il est poussé par le désir. Dans le même temps, et c'est un autre aspect de Laird, il est guidé par le plaisir de voir que les gens aiment ce qu'il crée ou fait.

Il n'y a pas longtemps, je suis allé sur un spot où on ne croise que de très bons surfeurs. Au moment de partir, je suis passée devant un van sur lequel se trouvait une planche de Laird. Et puis un autre, et un autre encore, ainsi de suite.

Je pense que quand les gens viennent trouver Laird pour lui dire qu'ils adorent ses planches, ou son Creamer, ça lui fait vraiment plaisir, parce qu'il a inventé ou fabriqué quelque chose d'utile, quelque chose qui aide, fait plaisir ou fait du bien aux autres.

Je pense que ce qu'il aime le plus là-dedans, c'est que c'est une façon de se connecter avec des gens qu'il ne connaîtrait pas autrement. Car, il faut le savoir, il n'est pas toujours d'abord facile. Il est assez méfiant, car il déteste qu'on lui dise quoi faire. C'est quelque chose d'inné chez lui, mais il en a fait quelque chose de positif, un élément créatif qui lui permet de se lancer dans des secteurs qu'il adore ; et les réactions positives l'encouragent à chaque fois. Mais le business pour le business, sans passion, sans cœur, ça ne l'intéresse absolument pas.

Il a beaucoup d'humilité. Il ne vit pas dans une bulle. Il a vraiment les pieds sur terre. Il conduit son jet-ski, il se fait démonter par les vagues. Et ça, rien ne le changera, même si un arbre à billets se met à pousser dans son jardin – parce que voilà qui il est.

Il n'y a pas longtemps, je lui ai posé la question : « Si Nestlé ou une autre société te disait : "On vous rachète votre affaire ! On vous paie cent millions de dollars et des droits sur une licence pour le Creamer", est-ce que tu vendrais, ou est-ce que tu préférerais garder assez de parts pour rester le maître à bord, pour ne pas être écarté ? » Et bien entendu, il m'a répondu qu'il choisirait la deuxième solution. Ça ne m'a pas étonnée, je m'y attendais. Pour moi, c'est une question importante à se poser, tout particulièrement de nous jours, où on voit des marques changer de main pour des sommes faramineuses – cinq cents millions, un milliard, que sais-je ?

C'est un cliché, mais je crois que les gens confondent l'argent et la réussite avec le bonheur. Mais si je vends l'entreprise que j'ai créée, je risque de très vite me demander ce que je vais faire par la suite. Quand on monte une affaire, c'est souvent qu'on aime résoudre des problèmes, créer des choses, collaborer, progresser, et ainsi de suite. On aime avancer, échouer, recommencer. Et, pour moi, c'est ce qui compte : la richesse de l'expérience humaine.

L'argent, c'est très bien – c'est la sécurité, la disponibilité, la mobilité, la liberté. C'est tout ça, bien sûr, mais je pense que Laird est assez connecté pour savoir que ça ne suffit pas.

Si vous lui dites : « Je suis PDG de ma boîte et je gagne 25 millions de dollars par an », il ne vous accordera pas son attention. Si vous lui parlez de ce que vous avez bâti et réalisé, il vous écoutera. Vous avez inventé une application que vous avez vendue pour 2 milliards ? Il s'en moque, si votre appli sert à noter les meilleurs restaurants autour de vous. Mais si elle permet de récupérer les aliments inutilisés pour nourrir les gens qui ont faim, là, oui, il s'y intéressera.

Ce ne sont pas des paroles en l'air ; nous fréquentons des gens qui ont tout – l'argent, la gloire, la célébrité... Et nous savons, Laird et moi, que ça ne veut rien dire. Que ce n'est pas ce qui rend heureux.

Laird est quelqu'un d'intelligent, et je ne crois pas que ça l'intéresse d'être classé comme un surfeur et rien d'autre. Il a d'autres passions, d'autres centres d'intérêt qui le font bouger. Voilà qui il est.

Travailler l'empathie

Notre cœur est un organe puissant, qui fait bien plus que pomper du sang oxygéné. Depuis la nuit des temps, il est au centre de pratiquement toutes les croyances et les religions, et perçu comme notre principal centre vital. Mais aujourd'hui, c'est le cerveau qui domine – à la fois arme suprême de l'évolution et clé du bonheur ; et cette conception nous éloigne parfois de notre cœur et de son importance. Aveugles à sa richesse et à ses possibilités, nous ne le voyons plus que comme un muscle à travailler en salle de musculation. Pour Laird, c'est loin d'être suffisant.

Laird est un surfeur au grand cœur, dans tous les sens du terme. Pour lui, le cœur est au centre des émotions de la vie, et rien n'est plus important que de l'écouter. La science le rejoint là-dessus, quand elle explique que cet organe est au centre de notre système nerveux autonome ; il est essentiel à notre intuition, à notre être conscient et sentant.

L'intuition est l'une des plus puissantes facettes de ce que nous sommes en tant que créatures. Elle remplit notre existence, comme une lumière en nous qui nous rend brillants, dans tous les sens du terme.

Notre courage, notre sens de la résilience, en dépendent. Quand on dit de quelqu'un qu'il a « du cœur », on ne parle pas simplement d'une pompe et de valves qui distribuent l'oxygène dans le corps, mais bien de la volonté de s'engager, de vaincre. On signifie qu'il sait gérer les turbulences, l'instabilité des choses – recevoir les coups – sans perdre de vue ce qu'il désire atteindre. Au quotidien, ça se traduit par les questions : « Comment subir la douleur, les difficultés émotionnelles, physiques et spirituelles, sans me renier moi-même ? » « Comment maintenir le cap, garder mes valeurs et mes croyances, au milieu de la tempête ? » « Comment encaisser les coups et me relever, l'âme intacte ? »

Quand le cœur n'est pas au summum, le système intuitif ne l'est pas non plus ; dans ce cas, nous réussissons moins au niveau conscient. Nous n'avons pas la force spirituelle et la résilience pour persévérer, quelle que soit notre force physique. Nous perdons cette qualité que nous offre le moi intuitif et qui nous permet de faire preuve, même dans les pires conditions, de compassion et de considération pour les autres, cette qualité qui nous rend conscients de ceux qui nous entourent et de notre impact sur eux.

Ce que l'on peut retenir de ce chapitre, c'est donc que, si Laird travaille son cœur par des exercices appropriés, ce n'est pas seulement dans un objectif de performance physique ; il veut avant tout atteindre son meilleur niveau d'intuition et d'empathie. Ce qu'il entraîne, c'est son *intelligence émotionnelle.*

Et les deux valeurs qui la fondent sont la *performance* et la *compassion.*

Performance

Le travail du cardio est au centre du programme physique de Laird. Comme il le dit lui-même : « Tout est au service du cœur ». L'alimentation, le sommeil, mais aussi l'amour, l'attention aux autres, notre relation au travail, à l'introspection, tout fait sens ; ce qui compte le plus, pour le cœur, n'est pas seulement à quelle fréquence et à quel point nous l'exerçons, c'est ce que nous lui *faisons vivre.*

Pour Laird, le travail physique est toujours enrichi et amélioré par le contexte physique dans lequel il est effectué – l'espace dans lequel on se trouve. Dans une salle ou un club de gym, difficile de ressentir une émotion autre qu'une montée d'endorphines ; il en va tout différemment dans une piscine extérieure, dans un parc, sur une colline, dans la neige, parmi les arbres... Dans ce cas, l'exercice en lui-même est amplifié par l'espace qu'on traverse et qu'on ressent ; l'émotion de se trouver au contact de la nature réveille le moi intuitif. La nature, sur terre ou sur mer, déclenche en nous des mécanismes profonds qui nous aident à guider et améliorer les performances du cœur. Pour Laird, le travail physique doit s'effectuer dans un contexte, dans un but précis, et avec une connexion à l'ensemble de notre système – le système nerveux autonome et l'intuition.

Un cœur au maximum de ses capacités et de son potentiel permet à Laird d'être au sommet de l'expérience, d'irriguer des parties de son système qui le rendent conscient à un degré exceptionnel.

Compassion

Laird fait souvent référence à cette vertu, dont il a découvert l'importance dans son livre de chevet, *Tous des héros* (Christopher McDougall) L'idéal d'héroïsme et la capacité à mener les autres ne naissent pas de la force, de la ruse, de l'adresse ni de l'intelligence, mais en grande partie de la compassion. Si les autres traits ont leur importance, c'est elle qui domine. Savoir en faire preuve – montrer de la considération, de l'empathie, de la compréhension même face à la souffrance, à la tyrannie, à l'agression, à la vanité, à la faim, à la peur, voire à la mort – exige un courage et une résilience rares.

Quand Laird dit de quelqu'un qu'il a du cœur, il sous-entend qu'il a les capacités de montrer de la compassion dans toutes ces situations. Pour lui, c'est ce qui compte ; et pour y parvenir, il faut être ouvert, conscient en permanence. Il faut savoir écouter son intuition et la développer autant que possible. Voilà comment notre compassion est inextricablement liée à la condition physique de notre cœur.

Sans un minimum de performance et un maximum de compassion, il est difficile de rester en équilibre entre l'ordre et le chaos.

Ohana

Dans la culture hawaïenne, qui met en avant les réalisations individuelles et collectives, la notion de performance compte beaucoup. C'est une culture du « faire », de l'effort, de la volonté. *Ohana*, la famille étendue, est le groupe de base qui définit les réalisations collectives. Les Polynésiens ont dû évoluer, apprendre à survivre et à prospérer au milieu de conditions naturelles parfois épouvantables – raison pour laquelle ils ont développé, plus qu'un sens de l'engagement, une capacité à accomplir des exploits dans les pires circonstances. C'est dans cette même instabilité des éléments que s'enracine aussi la compassion. Dans la culture hawaïenne, le gène de l'égoïsme a disparu il y a bien longtemps – il aurait été néfaste à l'évolution. C'est par nécessité que les Hawaïens ont développé cette capacité à prendre soin les uns des autres, à coexister dans l'écoute et l'empathie pour survivre aux terribles conditions naturelles. Qu'on le veuille ou non, il suffit de regarder les orages se former dans les montagnes qui bordent la rivière Hanalei pour se souvenir qu'il existe des choses plus puissantes que nous. L'humilité entraîne la compassion. Quand on sait qu'on est vulnérable et imparfait, on sait qu'on doit faire preuve de compassion pour les autres.

Ainsi, l'*ohana* et l'endurance des Hawaïens se fondent sur des individus forts et empathiques, à l'écoute des autres, qui appliquent ces qualités à toutes leurs entreprises ; et il s'agit sans doute d'une leçon à retenir, où que l'on se trouve et d'où que l'on vienne.

Petit exercice d'empathie

Quand on pratique un sport, il ne faut pas oublier les effets de l'entraînement sur l'ensemble du cœur, pas juste sur le côté physique. La prochaine fois que vous faites du sport, quand vous sentez la chaleur monter en vous, les endorphines envahir votre sang, essayez de visualiser non seulement le cœur qui pompe cette circulation, mais aussi le champ électromagnétique qu'il produit. Représentez-vous ces 40 000 neurones en train de s'allumer en même temps, le système nerveux autonome qui démarre, les connexions qui se font, le moi conscient qui s'ouvre à l'extérieur et vers celui-ci. Imaginez comment votre QE – votre quotient émotionnel – décolle ; puis, demandez-vous vers qui ou vers quoi canaliser cette énergie électrique consciente. La performance et la compassion sont les moteurs de notre civilisation, de notre exceptionnelle existence ; et au cœur de ce moteur se trouve le cœur. C'est le moment de le démarrer !

Comme tous les exercices proposés dans ce livre, vous pouvez le pratiquer, qui que vous soyez, où que vous soyez, quels que soient votre travail et votre niveau de vie. Pas besoin d'escalader une montagne, d'aller plonger dans l'océan ou une rivière – il s'agit juste d'entraîner votre QE.

Vous avez simplement besoin d'être vous-même, d'avoir un cœur et de vouloir ressentir de la compassion. Pour ceci, on peut allier deux tâches – l'une physique, l'autre émotionnelle – dans un seul exercice. Prenez quelqu'un que vous aimez ou dont vous appréciez beaucoup la compagnie – qui vit par exemple à quelques kilomètres de chez vous. En pensant à cette personne, faites deux choses : d'abord, imaginez un trajet pour vous rendre chez elle, puis choisissez votre mode de transport. La seule condition, c'est de n'utiliser ni avion, ni train, ni voiture (pas plus que de moto, évidemment). Pas de transports motorisés. À vous de choisir entre le vélo, la planche à roulettes, la trottinette, la marche… L'objectif ? Promettez-vous d'aller lui rendre visite au moins une fois par semaine pendant quatre semaines minimum. Votre défi est de réduire le temps de trajet de 10 % à chaque fois. Faites l'effort. Profitez de sa compagnie, cœur ouvert, à l'écoute. Votre retour en sera illuminé de joie et de choses positives. Et recommencez. Travailler son empathie, c'est aussi simple que ça.

LE CORPS

Quand vous avez quelque chose qui renforce l'organisme,
l'intelligence, la santé, ça change tout.
Tous les aspects de votre vie. L'ensemble.

LAIRD HAMILTON

Ils ont répondu « un avion » ou « une voiture de course », évidemment. Alors, je leur ai rétorqué : « En fait, vous avez déjà la meilleure machine du monde. C'est votre corps. Il est extraordinaire. Il peut voler, nager, courir – oui, il peut faire tout ça. Et toutes les machines que vous pouvez ou que vous rêvez d'avoir, il peut aussi les commander. »

Nous possédons déjà la plus intelligente des machines. Ce vaisseau – cette chose qui porte tout ce que nous sommes – est un outil qu'on peut façonner, parfaire, améliorer. On peut toujours le rendre un peu plus rapide, un peu plus fort, un peu plus intelligent.

Quand on en prend soin, on peut lui demander beaucoup. Ses capacités et ses possibilités sont étonnantes. Il fonctionne en silence, sans aide extérieure. Il se gère lui-même, sans branchement ni processeur. Donnez-lui de la nourriture, et il devient une source d'énergie telle qu'aucune autre créature n'est capable de l'utiliser, et ce dans toutes les conditions. Il peut guérir de ses blessures. Il peut supporter les altitudes et les profondeurs extrêmes, en absorbant des forces et des pressions mortelles pour bien des organismes vivants. Il peut survivre aux poisons. Il sait se régénérer.

Et si on lui en donne la chance, il peut faire encore plus. Chaque jour, on découvre que plus on pousse l'organisme, plus il développe ses capacités, de lui-même. Sans option, sans processeur supplémentaire, au niveau purement organique.

Quelle est la seule chose qui le retient d'aller plus loin ? Nous-même.

Si on veut évoluer au niveau de l'organisme, il faut apprendre à libérer le chemin – à cesser de nous entraver nous-mêmes et de nous encombrer de trucs inutiles.

Nous avons acquis de nombreuses choses avec le temps – un toit, le chauffage, les vêtements, le langage, la mécanisation, la technologie. Effectivement, ça nous a emmenés très loin.

Mais il y a un prix à payer, un pacte que nous avons passé. Et je crois que nous commençons à savoir à quel point cela nous coûte.

Il est peut-être temps de repartir en arrière, d'éliminer le superflu. De le déconstruire, de l'explorer. L'aventure nous attend.

En ce sens, ma relation avec mon propre corps est plutôt ouverte, en particulier parce que je suis plus ou moins tout le temps nu – ou juste en short. Sauf, évidemment, quand je pratique le snowboard, où je me protège un peu. Je passe l'essentiel de ma vie en short de surf, avec éventuellement des sous-vêtements. Ni chaussures, ni haut, parce que je suis dans l'eau.

Ainsi, ma sensibilité à l'environnement passe par mon corps, tout comme mon rapport à la douleur, lié au fait que je suis toujours exposé, toujours vulnérable. Sur un surf, il n'est pas rare qu'on s'entaille les pieds ou qu'on se cogne à la planche. C'est ce qui me donne une relation plus forte avec mon corps.

Je crois fermement au principe de plaisir. Le plaisir et la douleur (ou au moins l'inconfort) ont besoin l'un de l'autre. Ils ne peuvent pas exister de manière indépendante. Il faut s'ouvrir aux deux, les vivre pleinement pour que l'expérience soit complète. C'est vrai en particulier pour moi, qui suis plus exposé, et plus susceptible de croiser l'un et l'autre chaque jour, que ce soit en même temps ou successivement.

Quand le corps est soumis à certaines expériences, il en devient le conduit. Et si on s'ouvre à ce qui arrive, si on ne fuit pas, ces choses-là sont productives.

Elles sont bonnes, quelles qu'elles soient. Chaque plaisir, chaque douleur est comme une recharge d'énergie pour le corps, dont on peut tirer un enseignement.

On reçoit tout par le corps, par les sens – joie, instinct, plaisirs, douleurs – et tout passe par ce canal. En toute logique, il faut donc être le plus possible à son écoute, pour vivre une relation plus forte et productive avec l'expérience et les sentiments.

Donc, quand je cherche à comprendre le monde, je pense moins sur le plan général que par rapport au canal, au corps. Ma priorité, c'est comprendre, acquérir un savoir utile pour le corps et son bien-être, pour la santé de l'organisme.

J'ai toujours l'oreille aux aguets. J'écoute et j'accueille. J'essaie de rester avec des gens qui fonctionnent de la même façon, qui cherchent à se comprendre, un peu comme moi – sans pour autant ne m'entourer que de clones de moi-même. Ce serait carrément lourd...

Mais, oui, Gabby, nos amis, les participants au XPT et moi, nous cherchons tous, et nous partageons ce que nous trouvons. Le partage, c'est important. C'est de la générosité. Si on trouve *le* livre ou *le* spécialiste, à quoi bon le garder pour soi ? Au contraire, on en parle autour de nous : « Tu as lu ce bouquin ? Vu ce truc ? Écouté ce podcast ? C'est de ça dont tu parlais ? »

On cherche tous des infos, non ? En plus, c'est très gratifiant. Je crois très fort en l'intuition. Notre instinct nous sert à quelque chose, il faut lui faire confiance. Mais ça ne veut pas dire non plus qu'il faut l'enfermer à double tour : c'est un muscle, qui a besoin qu'on le nourrisse, qu'on l'améliore, qu'on l'exerce chaque fois que possible.

Souvent, quand on est ouvert à ça, la plupart des études scientifiques ne font que confirmer notre intuition.

Il m'arrive fréquemment de dire « J'ai l'impression que... », « Je sens que... » ou « Je crois qu'il va se passer tel truc ». Et il semble que ces intuitions, souvent justes, peuvent être expliquées par la science. Aussi dingue que ça puisse paraître, je suis sûr qu'on comprendra un jour que ces pressentiments sont réels. Quelqu'un trouvera une équation mathématique qui le démontre, ou mènera une expérience qui le confirme.

Pour moi, il faut prendre l'intuition comme une partie de l'interface – de l'interface entre l'organisme et nous. Il se déroule en nous des processus permanents et complexes qui vont parfois au-delà de nos rêves les plus fous. Certes, les progrès de la science sont déjà extraordinaires, mais je crois que ce n'est que le début.

Notre intuition est l'interface entre nous et toute cette complexité. Elle est au carrefour du conscient et de l'inconscient. Ce n'est pas parce qu'on ne la voit pas ou qu'elle nous semble hors de portée, quelque part à la limite de la conscience, que c'est de la magie.

Notre corps a passé beaucoup de temps – des générations et des générations – à observer les choses. À regarder, à réagir, à s'adapter. Nous nous sommes acclimatés à de nouveaux environnements, de nouveaux risques, de nouvelles menaces. Nous avons testé, recherché les causes et les effets, les actions et les conséquences ; nous avons essayé, recommencé, amélioré. C'est l'évolution. Et l'intuition en fait partie. C'est elle qui nous permet de continuer le processus.

C'est ce qui nous rend brillants. Ce qui fait de nous des créatures carrément extraordinaires. C'est la lumière qui s'allume. Le conscient et l'inconscient. L'interface entre nous et la science qui parle de nous.

Et donc, souvent, on sent un truc, et plus tard une information formelle ou une preuve vient confirmer notre intuition.

Faites-lui confiance, mais sans vous limiter à elle. Testez-la. Nourrissez-la. Exercez-la.

Je suis toujours ouvert aux nouvelles choses et je ne pense jamais avec des principes absolus. Parce que, quand quelqu'un dit : « Voilà comment sont les choses, c'est ça la solution », à chaque fois ou presque ça ne fait que poser une question plus grande ; et les réponses toutes faites sont bonnes à jeter, avec toutes les certitudes et les principes infaillibles que l'évolution a rejetées les unes après les autres.

Comme je reste ouvert à tout, j'aime bien me tester, être mon propre cobaye. J'aime bien me soumettre aux expériences des autres, et vivre mes propres tests. Je suis un vrai rat de laboratoire ! J'adore essayer de nouveaux trucs. En ce moment, par exemple, je teste un nouveau protocole avec mon sauna, d'après un podcast qu'on m'a fait écouter. L'émission parlait en particulier du fait que les saunas, bien plus que les bains de glace, permettent à l'organisme de reconstituer des forces après un effort intense ou une blessure – et ceci parce qu'ils forcent l'organisme à libérer des protéines de choc thermique, des hormones de croissance. En fait, il s'agit de stresser et stimuler le corps pour l'aider à se réparer. Bref, la même théorie des températures extrêmes qu'avec la glace, mais avec des innovations passionnantes.

Donc, je vais interrompre mon entraînement actuel – le protocole des bains de glace – pour tenter un nouveau truc : m'immerger, pendant de courtes périodes, dans le sauna à très haute température – 100 ° par exemple – puis un peu plus longtemps avec une température moins élevée. Je testerai jusqu'où je peux aller, les variations que je peux encaisser, pour voir quels effets cela a sur moi, sur mon énergie, mon temps de récupération ; et en fonction des résultats, je déciderai ou non de l'intégrer à mon protocole de vie. Je pars sans aucun a priori. Si l'effet est suffisamment marqué, je considérerai cela comme une preuve que ça fonctionne.

Je viens de me faire remplacer une hanche, et ça va me permettre de tester les capacités de cette méthode à améliorer la guérison. Voilà comment je fonctionne : je teste, je démontre, puis je l'utilise.

C'est ma façon de pouvoir affirmer aux gens que j'entraîne et que je guide : « Oui, tu peux faire ça, ça accélère la guérison et la convalescence. » Et je sais que c'est vrai.

C'est pareil avec tout le travail de rééducation ou de récupération : il s'agit de stresser le corps, en continu.

On cherche le meilleur moyen, la technique la plus efficace, pour la conseiller aux autres et leur dire : « Pour te remettre plus vite, voilà ce que tu peux faire. »

Ça devient une façon de vivre, une discipline comme les autres. « Bon, je vais dormir, bien manger, faire de la muscu, et ensuite, je passe par le sauna, avant et après chaque exercice. » De toute façon, c'est ce qu'on fait avec tout le reste – la nourriture, le savoir : on nourrit notre système. Dans ce cas précis, on apprend à l'aiguiser, à l'améliorer, parce qu'on cherche à guérir et réparer, à pousser le corps dans un sens où il est conçu pour être poussé.

Et le corps réagit, il est fait pour ça. C'est comme ça que l'évolution nous a façonnés. Voilà pourquoi je joue les cobayes. Nous sommes faits pour subir certains types de stress – ce qui explique notre adaptabilité et notre efficacité quand on est au sommet de notre forme. C'est la résilience. Mais nous la perdons souvent de vue.

Pour ce qui est du sauna, quand on nous demande : « Comment ça marche ? » j'ai envie de répondre que ça fonctionne à plusieurs niveaux, mais que, le plus profond, c'est sans doute le fait de se retrouver à plusieurs dans une pièce fermée, tout près les uns des autres, sans aucune technologie à proximité, et qu'on passe une demi-heure à bavarder – ce qui ne nous est pas arrivé depuis longtemps.

KELLY STARRET
Fondateur du Crossfit

J'utilise souvent l'analogie de l'eau, parce que nous sommes faits d'eau. Et l'eau cherche toujours la voie de moindre résistance, quoi qu'on lui fasse subir. Elle s'échappe et s'infiltre pour échapper à la pression. Pour moi, quelque chose en nous nous pousse à agir de même.

Quand il fait froid, on cherche le chaud ; quand on a chaud, on essaie de se rafraîchir. On veut toujours savoir combien de temps va durer la course. *On pousse jusqu'où, aujourd'hui ?* Je veux savoir – mon corps veut savoir – comment gérer l'effort.

Ça énerve toujours Gabby, parce que je ne donne pas de réponse précise. Ça la rend folle. « On va se balader à vélo. – OK, on va où ? – Je ne sais pas. – Ça va être long ? – Je n'en suis pas sûr. »

Et je n'en suis jamais sûr ! Évidemment, je ne peux pas pédaler à l'infini – mais j'aime garder une part d'inconnu. C'est tout l'intérêt des buts non précisés, ce qu'ils nous apportent. L'ignorance est bénéfique. Le corps ne peut pas s'adapter – il ne peut rien préparer – il doit en permanence recalculer et rééquilibrer. C'est le stress positif. Il suffit de ne pas dire : « On va rouler cinq kilomètres », « C'est à deux cents mètres d'altitude » ou « Il y a cent brasses à parcourir ».

Vous soulevez de la fonte ? Ajouter du poids régulièrement pour créer de la résistance, c'est bien. Mais quand on développe certaines techniques, qu'on répète une routine, l'effet de l'augmentation de la charge se fait de moins en moins sentir.

Comme toutes les choses qu'on fait – on court chaque jour trois kilomètres, puis cinq, puis dix – au bout d'un moment, peu importe la distance. On perd le bénéfice des premières courses, parce qu'on devient très vite plus efficace. Le corps est malin ; il cherche toujours à amortir l'impact : il vise à éviter la dépense d'énergie.

Le corps cherche l'efficacité, la façon de mettre le moins d'énergie possible dans un exercice. Il est construit comme ça. C'est le fruit de notre évolution. Devenir plus efficace, c'est un enjeu de survie. On cherche donc à économiser l'énergie pour aller de A à B.

À la centième, la millième répétition, on est devenu si efficace qu'on pourrait le faire les yeux fermés, à l'envers et les mains dans le dos.

Si, donc, je cherche de nouvelles expériences, c'est parce que je sais qu'elles sont plus à même de nous stresser, de façon positive, pour nous aider à nous améliorer.

En XPT, on ne fait jamais les choses à moitié.
Au contraire, on fait tout à fond.
Pour une bonne raison : ça permet d'être présent
dans l'expérience. C'est ce que j'en ai retiré.
J'ai commencé à aimer la vie, ces moments
qui m'apportent tant d'un point de vue personnel.
Quand on est dans le cinéma, comme moi,
presque toutes les rencontres tournent autour de la question
« Qu'est-ce que tu peux faire pour moi ? »
Là, c'est différent. J'ai l'impression d'avoir trouvé des amis.
Dans ce groupe, on est presque à poil,
on ne peut pas se cacher, ni physiquement,
ni émotionnellement, ni spirituellement.

RANDALL WALLACE
Scénariste, participant au XPT

L'avantage, avec la nouveauté, c'est l'absence de connaissance préexistante, et donc l'impossibilité de prendre un raccourci. On ne peut pas encore mettre en place une stratégie d'efficacité. On peut tenter de mettre en pratique des capacités qu'on a déjà, mais ça nous emmène de toute façon à une nouvelle limite... ce qui entraîne les plus grandes récompenses.

Quand on regarde une courbe d'apprentissage, elle est toujours plus élevée au début. Voilà l'intérêt de chercher toujours la position d'apprenti, de novice – être débutant en quelque chose, quoi que ce soit, nous fait du bien. Au fond, on ne fait que retrouver en soi l'enfant enthousiaste qui teste et expérimente : « Tiens, si j'essayais ça ? Ça a l'air cool ! »

C'est cette capacité à s'émerveiller et à rester curieux qui nous apporte les plus grands bénéfices. L'émerveillement est pour moi un muscle qu'il faut faire travailler tous les jours. C'est une compétence, la capacité à se lancer dans des choses qu'on n'a jamais faites, sans se soucier de ce que pensent les autres, sans se demander si on va réussir ou se planter.

J'ai passé ma vie à faire des trucs où les gens me disaient : « Mais qu'est-ce que tu fous ? C'est débile, qu'est-ce qui te prend ? » Moi, je ne répondais même pas, et cinq ou dix ans après, je les voyais faire la même chose, et je me marrais – débile, peut-être, mais sacrément bon, non ?

Quand tu cherches ton truc, que tu expérimentes dans ton coin, bien sûr que les gens finissent par te suivre. Mais ce n'est pas ce qui compte le plus. L'important, c'est d'accepter d'être un débutant.

Parce que ça va être douloureux, ça va faire mal. Tu vas te retrouver le cul par terre plus d'une fois. Ça va être humiliant, point barre.

Donc, il faut te motiver, toi, et motiver ceux qui t'entourent. Parce que c'est contagieux. Le fait d'être un novice, un débutant, ça se répand autour de toi. Et c'est marrant.

Au moins, tu n'as plus à *savoir*, à avoir les réponses en permanence. À connaître les trucs et astuces, à tout réussir, à atteindre la perfection. C'est bon pour nous. En tant que personnes et en tant qu'humains.

Je trouve que les humains feraient bien d'apprendre à vivre sans réponses toutes prêtes.

Le plus important, c'est d'apprendre. On évolue dès qu'on essaie des trucs nouveaux. Récemment, j'ai conseillé à quelqu'un qui n'avait jamais fait de sport de glisse d'essayer le snowboard. Je lui ai dit : « Vas-y. Tu vas voir, le premier jour, tu vas être crevé et avoir mal partout. Pareil le deuxième jour, et le troisième, tu auras l'impression de t'être fait dérouiller à coups de batte de base-ball. »

En revanche, si tu pratiques le snowboard depuis longtemps, tu peux faire ça quasiment à longueur de journée sans te fatiguer. Tu évolues de moins en moins, tu apprends de moins en moins.

Seuls les humains ont cette capacité
de curiosité contrôlée, systématique,
planifiée et basée sur l'hypothèse.

DANIEL C. DENNETT
(*From Bacteria to Bach and Back*, non traduit)

Donc : essayez un truc nouveau. Un truc où vous êtes mauvais. Je crois que nous devenons bons quand nous stressons le système de façon continue. Le corps adore ça – les neurones s'allument dans tous les sens, pour créer de nouveaux réseaux qui permettront une meilleure motricité, une meilleure technique. C'est dans ces moments-là que nous sommes au summum de notre croissance, de notre trajectoire.

Je surfe depuis tellement longtemps qu'un jour de plus ou de moins sur la vague ne va sans doute rien changer. Ce sera difficile de modifier des trucs. Un jour en plus, ça ne pèse pas grand-chose face à trente, quarante ou cinquante mille heures.

Mais me lancer dans un nouvel exercice – stresser mon corps jusqu'à aboutir à une percée en matière d'endurance, de flexibilité ou de force mentale – ça, oui, ça peut avoir un effet énorme sur mes performances sur l'eau. C'est parfois en faisant quelque chose qui n'est pas directement lié au surf que, d'un seul coup, boum, je trouve une nouvelle piste. L'information passe par un nouveau chemin dans le cerveau. Indirectement, j'ai modifié ce que je croyais être le top de ma progression.

Un exemple tout simple, c'est la musique. Pour moi, la musique peut améliorer les performances. Quand je cours sur la plage, par exemple, comme la musique occupe un certain canal en moi, l'information nécessaire à l'activité passe par un autre réseau, ce qui ouvre potentiellement de nouvelles portes.

Mais malgré tout ça, quand on essaie de nouveaux trucs, quand on stresse le corps, la capacité de celui-ci à économiser est extraordinaire. Je ne parle pas seulement de la voie de moindre résistance, de la fuite. Parfois, les mécanismes d'efficacité servent à la transformation – comme pour les maladies ou les blessures. Je l'ai ressenti personnellement. Parfois, les athlètes accomplissent leurs meilleures performances alors qu'ils sont malades ou blessés.

Pourquoi ? Peut-être que le corps se dit quelque chose comme : « Bon, je n'ai pas assez d'énergie pour le faire mal ; je dois le faire parfaitement, avec l'effort minimal – et je sais le faire comme ci et comme ça, pour y arriver sans perdre inutilement des forces. »

Alors, pourquoi je teste de nouvelles routines, au sauna ou ailleurs ? Je ne sais pas. À la base, je vise la transformation. Peut-être que les changements hormonaux et tous les trucs qui se produisent dans mon corps quand je passe trois semaines d'affilée à enchaîner les saunas auront un effet sur ma saison, un effet vraiment perceptible. Alors, pourquoi je n'essaierais pas ? Pourquoi me priver de nouveaux trucs ?

Laird a une énergie physique et une concentration impressionnantes, il passe vraiment sa vie à bosser ! Dès qu'il se lève, il est prêt, prêt à accueillir ce que le jour lui apporte. Quand rien ne change, pour lui, c'est l'enfer.

GABBY REECE
Épouse de Laird

L'évolution nous a fourni des réserves immenses, dont nous ne connaissons qu'une infime fraction.

Il y a l'énergie de la terre, oui. Et encore plus forte, l'énergie de l'océan. On peut la sentir, quand on est dans l'eau.

Le milieu aquatique a des effets spécifiques, du point de vue biologique, sur le système. Sur le corps, sur sa façon de répondre à la pression de l'eau – c'est comme une ampoule qui s'allume.

Réfléchissez à tout ce qu'on absorbe par la peau. Dans l'eau de mer, on a de la compagnie – elle est chargée de vie, d'énergie, de nutriments, d'organismes. Via la peau, il s'opère un transfert d'éléments, un échange entre nous et l'océan.

On le sent, on le ressent, et je pense que c'est une des raisons qui nous poussent à nous baigner dans l'océan. Ce n'est pas que le plaisir de surfer une vague, d'avancer sur sa planche de paddle ou son bateau.

Je crois qu'il y a quelque chose de plus profond qui nous appelle – sans doute parce que c'est de là que nous venons. Je veux dire, toute la vie vient de l'océan. Il existe une communication ancienne. Le temps s'écoule différemment. Et nous avons évolué pour ressentir ça.

Quand on sait que le cerveau inconscient fonctionne trente-deux fois plus vite que le cerveau conscient, on comprend de quoi est capable notre organisme. Oui, d'une certaine façon, nous avons des superpouvoirs. En fait, du point de vue de la conscience, l'inconscient est capable de prédire le futur.

Notre capacité à ressentir les choses et à nous connecter avec ces capacités quasi surhumaines – notre côté X-Men, si vous voulez – n'est pas un mythe. Non, on ne se réveille pas un beau jour avec la capacité de tirer des rayons *gamma* par les yeux. C'est un processus, une prise de conscience qui nous affecte progressivement.

Je me demande parfois si atteindre pleinement cette connexion, cette compréhension de nous-mêmes, mettrait un terme à nos recherches et nos interrogations. Je me dis qu'en nous reconnectant avec nous-mêmes, nous pourrions résoudre le mystère de l'existence, atteindre une vérité métaphysique.

On serait bien comme on est. Les baleines, les dauphins, connaissent cet état. Ils mangent, se reproduisent, vivent en famille, jouent dans l'eau – ils vivent, purement et simplement. Peut-être qu'entrer en contact avec cette partie primitive de nous peut nous combler ? Aller chercher le primitif en soi, c'est peut-être aller chercher la satisfaction.

Que ce soit par la méditation assise ou active, dans un exercice ou un sport, on cherche à répondre aux grandes questions : pourquoi, qui, où, quoi ?

Pour moi, personnellement, la méditation active – le fait d'être présent, de chercher à dépasser mes limites – est ma façon de me connecter au monde. Je ne suis pas trop du genre à me perdre dans des considérations philosophiques, à écouter les gourous. Je n'ai aucun *secret*, aucune recette. Pour moi, ça n'a rien à voir avec ça, c'est juste une question de bien-être, en tant qu'humain.

Je crois que, dans un monde de plus en plus accéléré par la technologie, nous devons d'abord savoir et comprendre ce que signifie le fait d'être humain.

Pas mal de gens redoutent un avenir où les robots domineront la planète. De façon plus réaliste, on a déjà l'intelligence artificielle et les supercalculateurs, et pas mal de gens qui s'inquiètent pour leur boulot.

Mais je crois que nous ne nous séparerons jamais de notre humanité, de ce que nous sommes. Quoi que raconte la SF, les cyborgs et tout le reste, ça n'arrivera pas. Nous resterons toujours humains.

Je pense que nous connecter davantage à l'organisme que nous sommes pourrait nous aider à mieux comprendre la notion même d'humanité ; et cette compréhension nous apaiserait. Elle agirait sur nos valeurs, notre spiritualité. Rééquilibrerait un peu les choses.

C'est peut-être en stressant le corps, l'organisme, et en libérant notre potentiel caché que nous y parviendrons.

Ça agira sur notre spiritualité et notre bien-être.

Quelle que soit votre spiritualité, votre connexion au monde, votre religion ou ce que vous voulez, il est évident qu'il y a toujours une forme de croyance qui agit sur notre évolution – elle est obligatoire, elle est là, en nous.

Et si elle est là, c'est qu'elle est utile. L'évolution est plus maline que nous. Il n'y a rien, en notre corps, dont nous puissions nous passer – aucun mécanisme, aucune capacité qui soit inutile. Le langage nous sert à évoluer. Je pense qu'on n'aurait pas de croyances si elles n'avaient pas aussi leur utilité.

Elles sont sans doute nécessaires à notre équilibre – un équilibre que nous avons un peu perdu. Aussi, il est tout aussi important d'être en contact avec notre côté animal, primitif, qu'avec nos plus hauts niveaux de conscience.

Il faut être connecté aux deux. Aller puiser dans les capacités de l'organisme, tripoter les boutons – déverrouiller les possibilités enfouies dans notre ADN pour révéler un peu plus notre moi primitif –, c'est pour moi une façon de créer cet équilibre. Parce que, je crois, on est un peu trop dans nos têtes, aujourd'hui.

Il ne sert à rien de séparer l'esprit et le corps. Au contraire, ça nous diminue. C'est une de nos plus grandes erreurs. On crée des séparations – blanc ou noir, droite ou gauche, ça ou ça. Un athlète ou un mec intelligent.

Mais on doit s'occuper des deux. Il y a une relation entre l'intelligence et le physique. Je ne suis pas le premier à le dire. On ne peut pas les séparer.

L'intelligence est une chose remarquable. Mais elle n'est pas tout. L'intelligente consciente est relativement nouvelle, et elle se double d'un aspect que nous connaissons mal, et ne connaîtrons peut-être jamais.

Voilà pourquoi nous continuons à chercher. Si nous savions tout, que ferions-nous ? Il nous faut du mystère, il est nécessaire et il nous fait du bien. Si la vie est complexe, c'est qu'il y a une raison.

Au fond, il est sans doute essentiel d'être ignorant – car en savoir trop n'est pas sain. On sait où ça mène. Ça n'est pas toujours productif. Ça apporte des réponses, mais pas toujours – parfois, ça ne nous aide pas à évoluer en tant qu'humains.

Si l'humanité a besoin d'évoluer, quel rapport entre un jeu mathématique et les émotions, ou la spiritualité ? Je parle, par exemple, des compétitions d'échecs entre l'homme et la machine. Bien sûr, les ordinateurs gagnent – ce n'est qu'un jeu de calculs, non ? Des chiffres et des probabilités. Donc, la machine bat le champion d'échecs – mais quel rapport avec les sentiments ?

La machine n'est pas consciente comme nous. On essaie de créer des machines conscientes, mais c'est ce que nous sommes déjà – de vieilles machines humaines, à l'ancienne. Sauf que ça ne nous plaît plus. Les défauts nous gênent, ce qui est vieux nous embarrasse.
La sagesse ? On s'en fout.

En fait, tout est lié. Notre recherche d'un supersavoir, notre volonté de tout connaître, de vaincre la mort – la mort humaine. On cherche comment l'éliminer. On n'accepte pas le fait d'être des organismes destinés à mourir. Mais au fond, c'est le prix à payer pour être nous-mêmes. Pour pouvoir faire et ressentir. Ça n'est pas éternel.

Et c'est par nos corps, exactement, par ces vaisseaux géniaux qui nous portent, que nous sommes connectés au monde par des biais que la science ne comprend même pas encore entièrement. Cette connexion fait partie de notre ADN.

En 1984, Edward O. Wilson, biologiste, naturaliste et entomologiste à l'université de Harvard, a inventé le terme « biophilie » pour décrire son hypothèse selon laquelle les humains ont, gravé dans leurs gènes, un lien instinctif avec la nature et les organismes vivants avec lesquels nous partageons la planète. Sa théorie se fonde sur le fait qu'ayant passé la plus grande partie de notre histoire évolutionnaire – trois millions d'années et cent mille générations ou plus – dans la nature (avant de commencer à vivre dans des communautés puis de construire des villes), nous éprouvons un amour inné pour les cadres naturels.

WALLACE J. NICHOLS
Blue Mind, non traduit

L'organisme est merveilleux. Nos pieds, par exemple. Il ne semble pas logique d'y mettre des terminaisons nerveuses, surtout en grand nombre, si ? Pourtant, l'évolution les a mises là, et il y a une raison pour ça. Ça ne semble pas logique d'y disposer des terminaisons nerveuses reliées aux organes principaux de notre corps, sauf si cette place leur donne une efficacité particulière.

C'est la base de la réflexologie – qui se fonde sur le fait qu'on peut influencer les organes par des pressions sur les pieds. Ce qui montre bien que nos pieds sont conçus pour fonctionner comme ça. Ils ont une tâche précise : absorber l'énergie de la terre tout en marchant, une énergie qui peut affecter notre santé – ou qui le permettait, avant l'invention des chaussures.

Voilà un truc qui a des applications au quotidien, n'est-ce pas ? Pas besoin d'aller faire un trek pieds nus sur une île volcanique, ni même de travailler son équilibre sur des balles de golf. Pensez juste à enlever plus souvent vos chaussures, à marcher dans le jardin, sur des galets dans votre allée ; c'est un début. Il y a plein de manières simples de faire du bien à ses pieds.

On peut voir partout des preuves de notre évolution, des étapes de celle-ci. Pensez, par exemple, aux stades de l'embryon humain. Notre voyage y figure, évidemment. Quand je me suis cassé la clavicule, mon docteur m'a dit : « Ne vous inquiétez pas. Cet os-là, c'est juste un vestige de l'époque où nous avions des ailes. »

Je sais que mes théories choquent beaucoup de monde. Par exemple, pour l'écran solaire : beaucoup de gens me reprochent de ne pas en mettre.

Ils ont peut-être raison. Mais moi, je crois que la peau est faite pour absorber le soleil. Idem pour les lunettes de soleil. Je n'en porte pas, parce que je crois que mes yeux sont faits pour recevoir la lumière du soleil. Chacun fait ses choix. Les miens se fondent sur le fait que nous faisons partie de la nature, que nous sommes conçus pour y vivre. Je dis souvent : « Nous sommes la nature, et la nature, c'est nous. »

Parfois, je crois qu'on perd cette connexion. Nous sommes, dans l'histoire de l'humanité, la première culture qui craint le soleil. Toutes les autres avant nous l'ont adoré. Nous sommes les premiers à nous en protéger et à mettre de la crème solaire. Nous développons une crainte presque innée de ses rayons.

Les gens oublient parfois que sans le soleil, il n'y a pas de vie. Oui, il peut y avoir une expansion des cas de cancers de la peau, mais on oublie que certaines maladies se développent quand on ne va pas assez au soleil.

Encore un autre exemple de notre déconnexion à notre corps et à l'environnement, au monde. Notre corps sait quoi faire.

Les Hawaïens ont une idée très précise de ce lien. Ils agissent en harmonie avec l'Univers. Je pense que j'ai bénéficié de ce rapport, parfois de façon inconsciente.

Le fait de grandir dans une culture de guerriers et d'athlètes, où la force et l'habileté sont respectées, a évidemment laissé des traces en moi. Dans la culture hawaïenne, le meilleur surfeur se situe hiérarchiquement juste en dessous du roi ou du chef.

La force, le lien au corps, est essentielle à la survie – c'est, en tant qu'organisme, notre objectif ultime. La capacité à se mouvoir sur l'océan est liée à la survie – pour la pêche et la capacité à naviguer au-delà des récifs pour aller explorer le monde. C'était capital.

Au Pérou, on parle de gens qui surfaient sur des planches en roseau il y a trois mille ans. Vous êtes pêcheur, la houle se lève ; voilà que vous ne pouvez pas sortir à cause d'elle ; mais vous devez pêcher, pour nourrir le village – il faut aller chercher à manger pour tout le monde.

Votre capacité à sortir de la zone de brisants va vous aider à comprendre comment attraper et chevaucher une vague ; vous allez améliorer cette capacité, parce qu'elle vous permet de sortir en mer quel que soit le temps.

Or, cela fait de vous quelqu'un de précieux. Vous vous adaptez à l'environnement, pour une très bonne raison : votre survie en dépend.

Ce que je trouve passionnant,
c'est que dès qu'il entre dans l'eau, il a l'air différent.
Il change d'un seul coup. Que ce soit en *bodysurf*
ou en plongée, son visage, son corps, changent.

GABBY REECE
Épouse de Laird

Nos corps canalisent tant de choses, sont reliés à tant de choses. Nous avons le même ADN que la plupart des autres créatures de la planète, nous savons ce que nous partageons avec elle, ce que nous avons dans sous le capot.

Comment les baleines retrouvent-elles Hawaii ? Elles vont jusqu'en Alaska avant de revenir ici. Comment un requin sait-il où il va ? Parce qu'ils sont tous les deux connectés à la Terre, à ce truc primitif.

Les Hawaïens pratiquaient jadis un art qu'ils appelaient « voler » – un art basé sur l'énergie, évidemment, qui consistait à poser leurs testicules au fond du canoë pour naviguer. Avant d'utiliser les étoiles, ils se servaient de leur corps. Ils sentaient la direction. Par intuition. De la même façon que certains perçoivent des maladies chez les autres – ils sentent quand quelque chose ne va pas.

Mais quand on suggère que le corps serait capable de suivre un courant magnétique, on se heurte à l'incrédulité.

Je crois qu'il faut vraiment prendre parti à ce sujet. La science est très claire là-dessus. Ce n'est pas de la magie. Les baleines, les requins et les dauphins aussi, alors pourquoi pas un humain ? Ça paraît logique, vu qu'on partage avec eux tant d'ADN...

De ce point de vue, on pourrait dire que nous avons davantage régressé que progressé. Nous avons muselé ces capacités, peut-être définitivement.

Il nous faut nous pencher sur ces capacités primitives, creuser en nous pour les retrouver. C'est une révélation, une métamorphose.

Le corps est capital dans ce processus. Il s'agit d'être, ici et maintenant, et pour cela il faut utiliser son corps. Ça me paraît logique.

Il y a l'approche de la *mindfulness* : apprendre à se connecter par des exercices, pendant des années. J'ai des copains fans de méditation transcendantale depuis une bonne vingtaine d'années. Mais ça ne marche pas pour moi. Je ne suis pas fait comme ça.

Pour moi, le fait de stresser le corps produit un « maintenant ». Avec un choc thermique, par exemple, l'organisme devient complètement présent – au point exact où il n'a plus besoin de penser à quoi que ce soit. Quand mes copains qui aiment la méditation ont essayé, ils m'ont dit : « C'est la première fois que je vais aussi loin ! »

Nous avons cette capacité en nous ; le tout est de l'éveiller. Et je crois que pour cela, le choc est bien plus efficace que toute tentative « consciente ». Le passage se trouve dans notre ADN – et personne n'est exclu, car nous possédons tous plus ou moins la même empreinte génétique, au fond.

Pas besoin d'aller méditer dans l'Himalaya ou de rester assis sur un rocher pendant vingt ans. Cela peut venir d'un seul coup, parce que notre corps est programmé pour ça.

Et c'est une transformation. Chamans et autres sages savent depuis des millénaires utiliser leur corps – en le soumettant à des chocs – comme des portes de la perception.

Bon, il ne suffit pas de promouvoir saunas et chocs thermiques, de montrer aux gens à quel point c'est génial ; il faut aussi nourrir ce lien.

Il est rare que les gens utilisent d'eux-mêmes des bains de glace ou des saunas. La pression sociale joue un rôle.

Il nous faut quelques entraînements pour cesser d'agir comme des créatures essentiellement composées d'eau, et qui cherchent toujours la moindre résistance.

Nous renâclons à nous exposer au froid extrême. Nous venons d'eaux glaciales – nous avons passé des centaines de milliers d'années à souffrir du froid. Bien sûr, il y avait quelques sources thermales – pas étonnant, d'ailleurs, qu'elles aient été vénérées et utilisées comme lieux d'expériences spirituelles – mais il nous a fallu beaucoup de temps et d'efforts pour échapper au froid, et nous avons du mal à y retourner.

La société nous enseigne que le froid est néfaste. Le terme même – « attraper froid », « être froid » – est connoté négativement, par opposition à la chaleur, toujours valorisée. Aussi, quand je propose une alternance de froid et de chaleur extrêmes, ça entre en conflit avec un mécanisme psychologique.

Encore une fois, pourtant, ça n'a rien d'exclusif. Je ne m'adresse pas seulement au surfeur qui attend la vague parfaite, ni à un richard qui peut se payer une semaine de coaching à un million de dollars. On peut très bien faire ça avec les moyens du bord – chaque matin, tentez un coup de douche écossaise. Robinet d'eau froide à fond, et on ne bouge pas. On ressent l'expérience, les sensations de la peau. Il ne faut que quelques étapes très simples pour éveiller notre organisme.

Au bout du compte, je pense que ces écarts – chaud/froid, ouvert/fermé, conscient/inconscient – sont importants. En tant que créatures, aussi brillants que nous soyons, nous avons besoin d'aide, d'un coup de pouce, en particulier aujourd'hui.

Tout le monde rêve d'accomplir de grandes choses, de posséder beaucoup ; et pourtant tout le monde ou presque échoue. L'insécurité physique, émotionnelle, sociale, est immense. L'anxiété aussi.

Et tout ce qu'on met dans nos corps y participe – je pense en particulier à certaines boissons énergisantes et autres « eaux de jouvence ». En tant que puriste, j'ai du mal avec les boissons énergisantes ou isotoniques, comme l'eau de coco, qui contiennent beaucoup trop d'additifs et de produits chimiques à mon goût.

Mais un pas après l'autre, n'est-ce pas ? Je ne reproche à personne de boire de l'eau de coco – en particulier quand on la compare au Coca ou au Red Bull. Ce serait assimiler un burger surgelé accompagné de frites XXL avec une salade de chou kale sans vinaigrette. Tout effort pour s'améliorer est bon à prendre.

Pourtant, nous avons tous besoin d'aide, car la réalité est complexe. Il n'est pas facile de naviguer dans le monde actuel. Le choix est devenu une maladie : nous en avons tellement que nous en souffrons.

Je pense à tout ce qui concerne l'alimentation – les informations, les interdits, les modes, qui se succèdent et sèment la confusion. Margarine ou beurre ? Cru ou cuit ? Sucrette ou sucre roux ? Les légumes sont bons, les lectines mauvaises ; graisse + sucre = mal. Graisse = bien ? Bonne graisse = bien.

Non, personne ne nous facilite la tâche, sur ce point. Pas étonnant qu'on se lasse de plus en plus des « experts ». Les théories se succèdent les unes aux autres, sont portées aux nues avant d'être descendues en flèche – sans compter les experts, nutritionnistes et autres scientifiques qui, comme par hasard, travaillent pour des entreprises peu soucieuses de la santé du consommateur. Au fond, c'est à se demander comment on peut encore écouter quiconque dans ce domaine.

Il faut simplifier tout ça. Et, pour y parvenir, il faut se fier à notre intuition. On sent quand ce qu'on mange est bon ou mauvais pour nous. Notre corps le sait. Ce qui compte, c'est de prendre soin de nous. En toute conscience, en toute honnêteté.

Dans notre arrogance égotique, nous croyons être au sommet de la chaîne alimentaire.

Parfois, je me demande si nous avons créé l'intelligence artificielle seulement pour accomplir des tâches plus vite et avec moins de main-d'œuvre. C'est notre nouveau prédateur. Nous avons tué les autres, et la médecine réussit plutôt bien à lutter contre les maladies. Alors, c'est peut-être nous qui préparons notre propre évolution. Oui, nous nous sommes débarrassés des prédateurs – mais nous avons *besoin* de prédateurs pour rester en forme, pour ne pas sombrer. Donc, nous nous en sommes créés de nouveaux.

Qui sait. Peut-être qu'un jour, l'humanité jettera l'éponge – elle se contentera de dire : « C'est bon, on arrête, laissons faire les machines. » Mais avant ça, je pense qu'il faut apprendre à nous connaître nous-mêmes. Examinons bien ce que nous nous apprêtons à jeter au rebut au profit des machines.

Le vrai danger, d'après moi,
ce n'est pas que des machines plus intelligentes
que nous usurpent la maîtrise de nos destins,
mais que nous surestimions l'intelligence
de nos derniers joujoux et leur cédions
prématurément une autorité qui les dépasse.

DANIEL C. DENNETT
(*From Bacteria to Bach and Back*, non traduit)

Nous sommes des organismes étonnants, même malgré nous.

Regardez ce qu'on supporte, ce que le corps peut encaisser. Cigarette, alcool, *junk food*, et ainsi de suite. On peut vivre mal, accumuler les toxines, et pourtant, avec quelques soins à peine, notre corps redevient capable de prouesses. Notre corps est réellement *durable*.

Je crois que, vu ce qu'on fait, il est étonnant qu'on ne paie pas plus cher et plus vite nos excès. C'est étonnant. Il en va de même pour notre rapport à l'environnement.

J'en reviens à cette vérité sur la nature – nous sommes elle, elle est nous.

Je pense que nous sommes, chacun, une petite planète ; et que nous agissons de même envers les petites planètes qu'envers la grande : nous les intoxiquons. Nous polluons notre corps et notre Terre. Les deux sont liés, et ce n'est pas une coïncidence. Le respect de soi et le respect de la planète sont liés. L'un affecte l'autre.

Dans la nature – quand on observe la façon dont les créatures coexistent avec leur environnement – il y a de l'harmonie, de la codépendance, un respect inné.

Et nous, créatures brillantes que nous sommes, malgré cette évolution, malgré notre conscience, malgré nos capacités immenses, nous faisons tout foirer.

Mais, tout comme pour notre vie intérieure, ce qu'on ne voit pas n'est pas pensé. Pour l'instant, tout ce qui compte pour nous en tant qu'espèce, c'est le cerveau. De la même façon qu'on ignore (ou choisit d'ignorer) tous ces aspects inconscients et programmés en nous, ce que l'évolution a fait de nous, nous fermons les yeux face à l'environnement, au monde naturel auquel nos corps et nos sens sont connectés.

Prendre conscience de l'invisible, savoir le respecter, agir en fonction de lui : voilà le don que nous pouvons nous faire. Mais nous préférons nous boucher les yeux et les oreilles.

N'empêche : la déforestation ? L'acidification des océans ? Les déchets plastiques ? « Ce n'est pas mon problème. Pas mon monde. Je ne le vois pas. Je m'en fous. » On prétend que ça n'a pas d'importance, que ça n'existe pas.

C'est bien le problème : nous n'avons plus assez d'imagination pour accepter l'invisible.

ENTREPRENEUR AUX PIEDS NUS

UN CORPS FORT
DANS UNE CULTURE FORTE

La culture d'entreprise est ce qui distingue un business qui fonctionne vraiment, au niveau mondial. C'est ce qui le soude, bâtit sa résilience et son énergie de fond en comble.

Les entrepreneurs et entreprises déterminés à se construire une culture qui mêle bénéfices financiers et éthiques sont toujours récompensés. On consultera à ce sujet des sites comme *Firms of Endearment* ou e-RSE.net, qui montrent que les sociétés éthiques génèrent souvent des profits supérieurs à ceux des entreprises cotées en Bourse.

Les sociétés les plus en vues à l'heure actuelle démontrent bien que la culture d'entreprise est la clé du développement, de la capacité d'innovation et de disruption dans tous les secteurs.

Une culture forte, riche de sens et d'engagement, est ce qui nourrit toute entreprise, qu'elle concerne deux ou deux mille personnes.

Il faut non seulement étudier, mais admirer les sociétés qui créent un sentiment d'appartenance, un lien presque familial ; grâce à celui-ci, elles résistent et se développent harmonieusement.

Voici comment Laird et Gabby parlent de leurs relations avec leurs collaborateurs, à tous les degrés de l'échelle, dans leurs différents business, et montrent que la clé de leur succès repose là-dessus. Ils explorent aussi le concept de réussite du point de vue de l'entreprise.

LAIRD

Au bout du compte, l'essentiel, c'est l'implication, quoi qu'il se passe.

Si tu t'impliques profondément, sincèrement, les gens le sentent. Mais il y a aussi tous ceux qui, dans le milieu, ont l'impression que l'implication et l'intérêt pour les gens ne sont pas ce qu'il faut rechercher.

Ils refusent un tel degré d'implication et d'attention, peut-être parce qu'ils ont peur. Car s'impliquer, prendre soin des autres, rend vulnérable.

C'est pourquoi, je pense, beaucoup de gens préfèrent rester à distance. C'est comme la mer – ils ne pensent plus au corail, ils ne le voient pas. Un truc de moins à surveiller. Ils ne cherchent pas à le sauver, même dans la mesure de leurs moyens.

Mais moi, je crois que prendre soin de son entreprise comme d'un tout, s'impliquer auprès des gens, individuellement, sincèrement, c'est ce qui crée une culture, une culture puissante.

Pour un leader, qu'il soit prêtre, enseignant ou dirigeant, tout se situe dans cette implication. Prendre soin des autres, c'est important, comme la compassion et le sens du devoir. En tout cas, ça a marché pour Jésus, Bouddha, Martin Luther King, Gandhi – tous ceux qui ont montré la voie, la lumière.

Aujourd'hui encore, il est difficile pour certains dirigeants d'entreprise de parler de compassion et de conscience sociale, de communauté. On vous prend pour un rigolo dès que vous abordez le sujet.

Les gens croient à tort que la compassion et l'intérêt pour les autres sont des faiblesses. Mais en réalité, la compassion est la seule vraie force. On ne commence à gagner que quand on se dit : « Ce qui compte, c'est le service – pas ce qu'on prend, mais ce qu'on donne. »

C'est, je crois, la grande différence entre de petites entreprises à taille humaine et des sociétés immenses.

Le profit pousse à se déconnecter de l'implication et de l'attention aux autres. Le focus, l'éthique, changent. Ils deviennent quelque chose de radicalement différent, des éléments qui ne sont plus connectés à rien, et qui mènent à des décisions étranges, pas forcément au profit de l'humanité.

Mais au fond, cette absence d'intérêt pour les autres ne mène à rien. Et ça conduit l'entreprise à sa perte, ou en tout cas ça lui nuit.

Ça se voit parfois quand, une fois que les petits génies des écoles de commerce sont intervenus pour tout réduire à des chiffres, on est obligé de faire appel aux anciens pour renflouer le navire. C'est arrivé à Nike, par exemple. Un grand stratège est passé par là et a décrété qu'ils n'avaient plus besoin des sportifs – ils se contenteraient de vendre leurs produits.

Heureusement, Phil Knight a réagi. Il est monté au créneau pour rétablir la situation. Pour lui, les sportifs, les gens, c'était ça le cœur de la marque.

Voilà pourquoi, aujourd'hui, quand une grande entreprise en absorbe une plus petite, il est de plus en plus fréquent de garder tout le monde. Il a fallu du temps pour y arriver, pour conserver les gens et conserver l'esprit. Les grandes entreprises commencent à comprendre.

Elles comprennent que quand on touche au service, à l'image, à la culture et à la qualité du produit, cela a un impact sur la valeur. L'équilibre entre ce qu'on donne et ce qu'on reçoit est rompu.

Aujourd'hui, en cas de reprise, il y a souvent des clauses qui demandent aux équipes de rester en place au moins quatre ou cinq ans – pour conserver la qualité.

Et si on me le proposait ? Si on me le demandait à moi ? Je crois que je partirais définitivement. Ça va à l'encontre de tout ce que je suis. Accepter de tailler dans la qualité pour accroître le volume et les marges ? Pour gagner de l'argent ? Ça n'a pas de sens pour moi.

Le code de l'honneur qu'on suit, le réseau qu'on construit, ça n'est pas juste une histoire de bénéfices.

Je ne suis pas contre les bénéfices, quand ils sont partagés. Quand il n'y a que des gagnants. C'est comme ça qu'on a évolué, en collaborant, en agissant ensemble. Ça, ça crée de vrais bénéfices.

Si vous êtes à la tête d'une entreprise ou de plusieurs, c'est peut-être pour soutenir un petit groupe de gens qui comptent pour vous, à qui vous voulez apporter l'abondance. Et plus tard, vous pouvez vous tourner vers toute une communauté. Mais, pour y arriver, il faut savoir clairement ce que propose votre entreprise.

Qu'offre-t-elle ? Et qu'attendez-vous en retour ? Parce que, dans le monde des affaires, le moteur est souvent l'argent – et, partant, des choses qui ne sont pas nécessaires quand ce qui compte, ce sont les gens.

Pour certains, l'empathie est une malédiction dans le domaine des affaires. Pour moi, c'est un don précieux.

Laird est capable d'une compassion remarquable. Il fait très attention aux gens. Mais il n'est pas là pour leur faire plaisir. Ça ne le dérange pas de choquer.

En cas de besoin, il sera toujours là – mais ça ne veut pas dire qu'il va vous mettre à l'aise. Il est comme ça. Il vous teste. En fait, c'est son truc, tester.

Peut-être qu'il vous laissera dans l'expectative – oui ou non, sera-t-il là pour vous ? Mais la réponse est oui, toujours. C'est dans sa culture, dans son mode de vie et le nôtre.

Une fois qu'il est lancé, une fois qu'il s'est engagé, pour quoi que ce soit, il sera là, qu'il s'agisse d'une interview téléphonique ou d'une énorme campagne de pub. Il traite tout le monde de la même façon. Avec compassion, oui – bien plus que moi, d'ailleurs.

Je crois que je suis moins gentille que lui. C'est notre équilibre. Notre tension. Mais c'est ce qui nous rend forts : cette ouverture. Souvent, avec le XPT, il nous arrive de rencontrer des problèmes qu'il faut obligatoirement régler au téléphone.

Ça ne veut pas dire qu'on va forcément trouver un terrain d'entente, mais on raccroche toujours avec un respect mutuel et des pistes de solutions – et le soulagement d'avoir mis des mots sur les maux. Oui, nous vivons vraiment dans une culture de l'équilibre. Parfois, Laird débarque, prêt à tout brûler sur son passage, et j'essaie de ne pas être sur le chemin.

Il me reproche d'être trop diplomatique, d'aller trop loin pour les autres ; et en retour, je lui reproche d'avoir laissé traîner la situation. Mais ce que j'aime vraiment en lui, c'est que même quand il met les pieds dans le plat, quand il envoie tout paître (et c'est arrivé à plusieurs reprises) il pense tout de même réellement aux personnes impliquées.

Il est brut de décoffrage, et le seul truc qui l'intéresse, c'est le surf ; il ne faut pas lui marcher sur les pieds. Il aime se coucher tôt et manger sain. Mais au fond, c'est une bonne personne, et il prend soin des autres, vraiment. C'est l'ohana.

Même quand quelqu'un se plante, il dit toujours : « Laissons-lui la chance de réparer. » Il fait ce qu'il a à faire, sans se laisser piéger par son ego, pourtant fort développé. Mais, comme je l'ai dit, il ne mâche pas ses mots et il ne joue jamais la comédie. Il est authentique des pieds à la tête.

On le voit bien quand il coache pour son XPT. Quand il est de mauvaise humeur, ça se sent – et très vite ! Il ne se force pas à sourire. N'empêche qu'il reste concentré, à 110 %. Le seul truc, c'est qu'il n'enrobe pas la pilule pour vous faire plaisir.

C'est sa culture. C'est comme ça qu'on apprend à gérer sa vie, à s'améliorer, non seulement côté fitness mais par rapport à tout le reste – la culture qu'on construit autour de soi, la communauté. Tous les aspects d'une entreprise doivent être authentiques.

Quand on envisage de créer une culture d'entreprise, de la fonder sur une personne, il faut que celle-ci fasse preuve de cette authenticité pure. C'est le meilleur moyen. Et ça exige de la part de cette personne une honnêteté absolue.

Si vous demandez à Laird : « Es-tu un entrepreneur ? » il vous répondra peut-être par l'affirmative. Ce qu'il ne dira jamais, c'est : « Je suis à la fois surfeur et patron. » Ça ne lui ressemble pas. Il répondra : « Je suis un passionné de l'océan. » C'est clair. C'est le cœur de notre culture, ce qu'on admire et respecte tous les deux.

Les gens qui collaborent avec nous, dans toutes nos entreprises, sont comme lui. Le plus intéressant, c'est qu'à mesure qu'on traverse les tempêtes avec eux, on en apprend de plus en plus, on progresse et on grandit ensemble ; au fond, on se respecte toujours, même quand on n'est absolument pas d'accord. On ne se fâche jamais, on n'insulte pas les gens.

Moi, je ne suis pas fan de l'ambiance « grande entreprise ». Je comprends qu'à une certaine échelle, il faille des cadres et des modèles de management, mais ça vous fait perdre beaucoup de choses, ça vous rend terne.

Le fait d'être son propre patron, avec tous les risques et les opportunités que cela représente, ça rend brillant. Oui, c'est ce qu'on dit, avec Laird – les gens ternes contre les gens brillants.

Je préfère de loin vivre du côté positif et brillant, plutôt qu'être obligée de suivre un train-train terne où je dois en permanence me protéger, me battre, me défendre et faire mes preuves.

Donc, faites-vous plaisir – et faites-vous plaisir à travailler avec les autres. Voilà ma priorité absolue. Quand on est bien ensemble, qu'on s'amuse, que demander de plus ? Agir ensemble, c'est magique.

Pour moi, ça renvoie aux sports d'équipe, vous voyez ? Je sais que je suis meilleure avec les autres. « Je pourrais le faire toute seule, mais je préfère le faire avec quelqu'un. » C'est ce qui me motive, ce qui m'aide à gérer nos entreprises. Et Laird est très doué pour ça, lui aussi, d'autant qu'en prenant de l'âge, il se montre plus à l'aise. Sa situation financière est plus stable, et d'une certaine façon ça l'autorise à être pleinement lui-même.

Il faut savoir qu'il a ses propres règles. Il sait qu'il aura toujours de nouvelles envies, de nouvelles idées, même s'il les découvre au fur et à mesure. Il a accepté ça, maintenant. Sans que ce soit artificiel. Il ne se dit jamais : « Il faut que j'aille au bureau pour réfléchir à un nouveau truc. » Je pense qu'il se dit juste : « Je vais faire ce que je fais d'habitude, et vu comment ça se passe en général, une idée va sans doute venir. »

C'est son mécanisme. Sa façon de vivre, simple et sincère. Il n'essaie pas dix mille trucs, il attend juste que ça se présente.

Je pense que nous devons tous développer plusieurs dimensions – je suis parfois PDG, parfois mère, parfois épouse, parfois juste une femme – mais pour moi, ce qui compte, c'est ce qu'on est *d'abord*. Est-il possible de laisser de côté, pour un temps, les attentes et les étiquettes, et d'exister pleinement, avant d'occuper ces différents espaces ?

Il faut le dire aux gens : c'est très bien. Il faut suivre son instinct, agir pour les raisons qui nous poussent vraiment. Voilà comment Laird fonctionne, côté business. C'est aussi simple que ça. Acheter, aimer, ne pas aimer – il prend ce qui vient, et il en fait quelque chose.

À vous de jouer

La nature fait bien les choses, et en particulier en ce qui concerne cette infinité de créatures brillantes que l'on nomme genre humain. Notre bagage génétique montre bien notre connexion à tous les organismes vivants de la planète. Qu'on le veuille ou non, nous avons en nous des gènes de banane et de grenouille, qui font écho à notre lien avec toutes choses. Génétiquement, et à tous points de vue, nous sommes faits pour vivre en société ; et à en croire nos gènes, nous devons nourrir cette sociabilité aussi souvent que possible. Elle va du *moi* aux gens à qui nous sommes liés, mais aussi à la nature qui nous a enfantés, portés, nourris et formés.

Les derniers soubresauts de l'évolution nous ont dotés d'une conscience, mais selon Laird, cette faculté ne doit pas nous faire oublier la créature primitive que nous sommes, ni nous pousser à négliger notre responsabilité envers le monde dont nous sommes issus.

Laird sait d'expérience que le vernis de la civilisation s'effrite très vite face à la panique ou au danger. Pour faire simple, nous ne restons pas longtemps civilisés face à la pression. Dans ces situations, c'est le primitif qui surgit – un primitif qui a appris à survivre grâce à des millénaires d'évolution.

Pour comprendre Laird, il nous faut accepter que la créature brillante en nous a deux aspects : le moi chaotique, primal, centré sur la survie ; et le moi rangé, éduqué, et intégré socialement. Et nous devons prendre soin de l'un comme de l'autre.

Nous possédons des mécanismes de perception dont la seule tâche est de scruter en permanence notre environnement pour y chercher toutes les informations disponibles – mouvement, chaleur, son, odeur, lumière, pression de l'air, humidité, distance – et les traiter. Notre sens primitif nous informe alors des probabilités existantes, et s'y ajuste par des actions simples et immédiates. Malheureusement, nous passons le plus clair de notre temps à tenter de supprimer ces aspects du moi primitif. Au contraire, il nous faut nous y connecter.

L'un des plus grands conflits intérieurs de Laird réside dans l'opposition entre sa volonté d'être en contact avec ce moi profond – synonyme de grande isolation – et son implication totale dans le milieu où il vit : son sens civique, social et moral, né de son lien aux autres et au monde. Il ne rejette aucun des aspects de la culture et de la communauté qui ont fait de lui ce qu'il est. Bien au contraire, il les assume pleinement et fièrement, avec leurs défauts, leurs contradictions et leurs échecs.

C'est à partir de ces deux pôles – *connexion* et *communauté* – que nous allons examiner plus en détail un exemple.

Connexion

La connexion est capitale, non seulement par la façon dont tout est lié dans l'écosystème de nos corps, de nos vies et de nos sociétés – ce que nous étudierons davantage dans le chapitre « Tout est connecté », page 203. Pour le moment, nous nous contenterons d'examiner les bases génétiques qui tissent notre intégrité en tant qu'espèce. Aujourd'hui, sinon qu'on les explore par des tests ADN et des séquençages, nos prédispositions génétiques ne jouent au mieux qu'un rôle mineur, dans nos vies conscientes. Le progrès est une bonne chose, mais il a comme effets collatéraux sur notre civilisation de nous couper de ce qu'il y avait avant nous. Quand l'innovation est tout ce que l'on cherche, on court le risque de perdre de vue une part de nous-mêmes – et en particulier celle qui célébrait notre lien ancestral avec toutes choses. Il y a sans doute une logique génétique au fait que les sociétés anciennes, comme celle d'Hawaii, s'appuient autant sur le culte des ancêtres. En fait, elles ne font qu'invoquer une supériorité génétique : la capacité à survivre, à triompher. Chaque ancêtre qui a survécu, a enfanté des descendants – qui à leur tour ont fait de même, jusqu'à nous –, crée en nous un écho génétique, quelque chose d'acquis, qui constitue notre code, comme une chaîne de super-résilience qui mène jusqu'à nous. C'est le genre de connexion à ne pas prendre à la légère.

Communauté

À cause des plateformes numériques, le terme de « communauté » est aujourd'hui terriblement galvaudé. Les réseaux sociaux ont brouillé les frontières, parfois jusqu'à l'absurde. Mais ils n'atteignent pas ce que Laird considère, et respecte, comme une véritable communauté. Selon lui, une vraie communauté, c'est lorsque les vies des gens sont interdépendantes, à partir du plus simple niveau ; ce sont les liens qui se tissent par des actes de l'existence partagés – des interactions répétées, de moments d'échange et d'effort collectif menés par des vrais gens dans le monde véritable. Rien qui puisse être reproduit dans le monde numérique, pas avec cette passion et cette détermination, et ceci pour une raison simple : nous sommes des créatures, et en tant que telles il nous faut de l'intimité et de la compréhension pour fonctionner à notre meilleur niveau. Pour qu'une communauté survive pendant des millénaires, il est nécessaire que la capacité et l'envie de chaque individu à agir pour le bien collectif soient *innées* – qu'elles soient une seconde nature. Et comme le souligne Laird, cela ne peut se faire à distance, sans passion. Il faut tenir aux autres. C'est une partie de notre rôle de créature sociale, et oublier cela revient à perdre un peu de ce qui fait de nous des êtres brillants. Une grande humilité est nécessaire pour accepter cette éthique. De façon rationnelle, on peut presque définir la communauté par une équation mathématique simple : *communauté réelle = interactions sociales positives x nombre de gens / proximité physique.*

En appliquant cette formule, on voit bien que la communauté est toujours plus importante que la somme de ses composantes individuelles ; c'est un groupe vivant, qui respire, collabore et fonctionne, et non une série de données dans un réseau quelconque.

Ohana

Plus que tout autre, ce chapitre s'enracine dans la notion hawaïenne d'ohana. Le sentiment d'appartenance est un besoin humain profondément ancré. Or, le monde moderne nous propose des opportunités et possibilités quasi infinies ; chacun, dans les pays favorisés, est invité à s'accomplir de multiples façons. Malheureusement, la multiplication des possibles nous rapproche peut-être du point de rupture. Perdre ses origines de vue, c'est courir le risque de disparaître. L'ohana utilise non seulement la connexion et le besoin de communauté pour atteindre ce que veut la tribu : il est une façon de nous rappeler que tous nos actes nécessitent une reconnexion avec nos ancêtres – l'invocation de toutes les créatures brillantes qui ont mené, ici et maintenant, jusqu'à nous. Il s'agit de s'appuyer sur la résilience et la force de caractère de tous les êtres qui ont vécu avant nous et survécu, encore et encore, au cours des années, des siècles et des millénaires au milieu de leurs semblables. Comment refuser de se connecter à ce monde, de communier avec lui ? C'est toute la force de l'ohana. Dans un monde où le mot « communauté » est devenu un euphémisme qui masque une recherche de profit en ligne, se souvenir chaque jour de ce qui nous lie, d'abord et avant tout, de la proximité physique et émotionnelle, est une bonne chose.

Petit exercice pour assumer qui on est

Qu'il l'ait compris ou non sur le moment, la vie et la trajectoire de Laird peuvent se résumer à ce besoin d'appartenance. Son sens de la connexion, à la fois à la créature unique qu'il est et au groupe et la culture dans lesquels il a grandi, est irrépressible.

Pour se lancer, Laird a dû commencer par s'éloigner. Il a « transgressé » les frontières de son île, de son corps, de ses capacités. Il a transformé ses limitations en définitions de lui-même. Il a assumé qui il est – il s'est pris à bras-le-corps, s'est testé, examiné, brisé, amélioré sans relâche, avec une curiosité sans limite. En bon chercheur de vérité, il a commencé par lui-même.

Nous pouvons en tirer une leçon. Qui que nous soyons, avec notre passé, ce qui nous constitue, nos origines, notre histoire et nos échecs – c'est nous, en entier. Il est temps de cesser de le fuir pour l'accepter et l'embrasser pleinement. Sans faux-semblant, les yeux dans les yeux. Assumer qui on est. C'est ce qui fonde tous nos désirs et nos rêves.

Pour assumer, il faut commencer par comprendre et accepter ce pour quoi on est là, ce qu'on fait, comment et pourquoi. Cela demande un sens de la perspective qui dépasse de loin l'individu.

Prenez par exemple une tâche des plus ingrates, répétitives et sans intérêt qu'il puisse vous être donné d'accomplir. Il s'agit de penser, en l'accomplissant, à tout ce qui a été nécessaire pour y arriver – les gens qui ont œuvré pour cela, les matériaux, les tâches, les voyages, les actions, le savoir-faire, l'industrie, les discussions, les interactions.

Tiens, pourquoi pas le fait de tondre sa pelouse ? Vous êtes face à votre tondeuse. Une tâche de tous les jours ou presque. Mais en remontant vers les origines, que trouve-t-on ? Les prospecteurs, les mineurs, les ouvriers qui ont fait que le minerai est transformé en pièces métalliques. Les ingénieurs qui ont conçu les lames. Les essais, génération après génération, sur la forme de celles-ci, leur direction, leur angle ; avec ou sans rouleau ? Quel genre de coupe – en cercle, ou horizontale ? À quelle saison ?

Puis on pense à ceux qui ont construit le moteur, à l'électricité ou l'essence qui le propulse. Au travail des ouvriers. La production, avec l'assemblage, l'emballage et l'expédition.

Il a fallu tout cela pour arriver ici et maintenant. Et, voilà, vous tondez la pelouse. Dans quel but ? Quand vous aurez terminé, elle sera prête à accueillir jeux et pique-niques, ou simplement être belle à voir. Quels résultats ? Quelles conséquences ? Qui s'en servira, combien de temps ?

À présent, pensez à une personne à chaque étape de cette chaîne – une personne que vous connaissez ou non, disparue depuis longtemps ou encore à naître. Ce qui compte, c'est de les imaginer pleinement, se livrant à leur tâche ou leur action. Chacune d'entre elle, comme vous, est une étape d'un processus d'évolution. Se réjouir de ça – se réjouir des moments les plus communs – c'est assumer qui on est et la vie qu'on mène. C'est l'application suprême pour être heureux.

L'ÂME

Ton âme est connectée à ton souffle.

LAIRD HAMILTON

Le monde s'accélère. La technologie nous porte à la vitesse de la fibre optique, éparpille notre identité à travers une série de plates-formes, d'engins et de réseaux. Elle nous permet d'accomplir davantage en des temps records, individuellement et collectivement.

Mais au cœur même de cette vie trépidante, épuisante, nous oublions de respirer.

La respiration fait plus que nous maintenir en vie. Elle nous permet de retrouver notre alignement, notre équilibre, à supporter la tension et à guérir. Aujourd'hui plus que jamais, nous devons être conscients de l'immense pouvoir que possède une simple respiration.

Les techniques ancestrales de respiration ont évolué en même temps que le genre humain pendant des millénaires, pour pallier les conditions extrêmes dans lesquelles vivaient nos ancêtres. Elles leur ont servi, aussi, dans leur recherche d'élévation spirituelle.

Mais la science actuelle démontre, encore et encore, à quel point le souffle peut non seulement améliorer nos performances physiques et notre bien-être général, mais aussi augmenter notre résistance à la douleur et déclencher des mécanismes intuitifs en nous.

Le souffle est le point de jonction des deux dimensions qui cohabitent en nous ; il permet de les relier, de les intégrer au mieux.

Laird explore ici le rôle du souffle non seulement dans la performance physique, la guérison et la gestion de la douleur, mais aussi dans notre résilience spirituelle et mentale ainsi que dans notre capacité à nous connecter à nous-mêmes et au monde qui nous entoure.

Il explique aussi comment l'utiliser de façon particulière, pour certains objectifs. Il démontre également que, pour ceux qui décident de s'y consacrer, chaque souffle recèle des trésors potentiels.

LAIRD

Quand on naît, quand on s'éveille à la vie, le premier truc qu'on fait, c'est respirer. On sort du ventre de notre mère, quelqu'un nous tape sur les fesses, et on respire. C'est notre premier souffle, l'un des deux plus profonds de notre existence – avec le dernier.

Pour ce qui est de ce premier souffle, on peut toujours débattre si c'est celui qui permet à l'esprit d'entrer en nous. Dans les cultures anciennes, en tout cas, souffle et esprit ne font qu'un. Ils sont liés.

Mais c'est le côté spirituel des choses, le côté métaphysique et invisible, dont on ne sera peut-être jamais certains. On peut discuter sans fin de l'existence de l'inconnu : pour l'instant, nous n'avons aucune donnée scientifique là-dessus.

Néanmoins, instinctivement, nous le sentons. Nous savons que le souffle est lié au début et à la fin de la vie. Il marque notre naissance et notre mort.

Nous disposons aujourd'hui de machines qui peuvent le prolonger, mais du point de vue organique, quand le souffle s'arrête et, du point de la vie, de l'esprit et de la conscience, le moi sentant disparaît.

Quand on arrête de respirer, l'esprit quitte le corps. Le souffle est un seuil vers la vie et vers la mort. Il est essentiel dans la transcendance. Que l'on croie à une transcendance purement physique – nos atomes qui décident de se transformer en quelque chose d'autre dans le cosmos – ou à un voyage spirituel et métaphysique (du genre « voir la lumière au bout du tunnel »), souffle et esprit sont liés de façon indissoluble.

Dans notre vie, nous avons tendance à ignorer la chose la plus essentielle : pour survivre, pour exister, il nous faut respirer. Respirer, c'est vivre. Le souffle est attaché à notre moi conscient, à notre vie.

On peut tenir plusieurs semaines sans nourriture, plusieurs jours sans eau. Mais sans respiration, l'espérance de vie n'est que de quelques minutes – ce qui fait du souffle une priorité essentielle.

Quand on est lié à l'océan, cette relation au souffle prend une part importante, puisque quand on ne respire plus, on se noie. Donc, dès lors qu'on est proche de l'océan – que ce soit en pratiquant le kitesurf, la plongée, la voile ou quoi que ce soit d'autre – on a un lien particulier à son souffle, une conscience aiguisée de son importance.

Dans ce monde, mon monde, il est directement relié à la survie. Quand on rate un truc, qu'on se montre ignorant ou arrogant, on y passe. On y reste directement.

Pour les athlètes, dont je suis également, le souffle est un carburant essentiel. Quoi qu'il en soit, en temps normaux, en société, on n'a pas conscience de notre souffle et de son importance, de tout ce qu'il peut accomplir pour nous. Nous ne lui accordons pas la place et le respect qu'il mérite. Nous ne prenons pas le temps de nous rendre compte de son rôle, de ce que nous sommes et de ce dont nous sommes capables.

Il existe des techniques de respiration particulière en yoga, chez les apnéistes ou chez les psys. Chacun a sa façon de guider et d'utiliser le souffle, dans des buts particuliers. Mais ça nous touche à peine – au quotidien, nous n'en prenons que rarement conscience, et souvent par hasard.

Ça n'a pas toujours été le cas. Dans les civilisations d'antan, ces techniques étaient courantes, normales, parce que reliées à la survie.

Nous connaissons diverses catégories de travail du souffle, en fonction de leurs effets sur notre corps ou nos émotions. Toutes sont reliées à notre bien-être, mais au final, la plupart du temps, on se contente de s'asseoir et de respirer. Nous ignorons souvent que ce truc qui se passe littéralement *sous notre nez* peut être un véritable turbo pour nous ; nous oublions les miracles qu'il permet.

Nous respirons par la bouche, en oubliant à quel point c'est important, et le peu qu'il faut pour que ça nous fasse vraiment du bien.

Dès qu'on met de la conscience dans le souffle, cela change notre lien à lui. Respirer en conscience permet de lui donner toute sa place. Tout le monde le sait, oui, mais on a de plus en plus souvent besoin qu'on nous le rappelle.

Je crois que si on aime autant faire du sport, c'est aussi parce qu'il nous force à respirer. Selon moi, notre inconscient pousse notre conscient à s'entraîner. Il lui dit quelque chose comme : « Hé, il faut que tu respires. Je sais que tu n'es pas assez discipliné pour le faire sans action, alors au travail. Mettons un peu de pression, stressons un peu le système. »

Si tu cours, tu respires, et ça donne au corps ce dont il a besoin. Davantage d'oxygène, qui évacue et nettoie le CO_2 pour décrasser la machine. C'est pour ça que le corps nous remercie quand on fait du sport.

Il nous dit : « La seule façon d'obtenir ce dont j'ai besoin, c'est de te faire faire du sport. Mais je sais que, pour que tu montes sur ton vélo ou que tu enfiles tes chaussures de running, il faut que tu sois accro. J'ai besoin que tu adores ça, que ça devienne comme une drogue. Pour ça, je vais te récompenser : je vais libérer tout un tas d'hormones qui vont te faire te sentir bien. »

C'est le travail de l'évolution dans toute sa splendeur. Pour garder l'organisme à son meilleur niveau, il y a quelques ressorts à actionner. Et comme l'organisme a compris, en plusieurs millions d'années, que nous faisons mieux ce pour quoi nous sommes récompensés, il s'est adapté en fonction. L'évolution connaît l'importance du souffle pour le système – son volume, sa quantité – et agit en conséquence, pour être certain de lui fournir ce dont il a besoin.

Donc, si je fais ce que demande mon inconscient, et que je reçois en retour ma récompense, à savoir ces fameuses endorphines, je prends conscience de l'effet que cela a sur moi. J'apprends à le respecter. Je ne me contente pas de savoir intellectuellement que c'est important : je le ressens.

Et du coup, que se passe-t-il ? Bien entendu, j'ai envie de nouvelles récompenses. Donc, je prends du temps pour ça. Je vais me mettre au *pranayama* [exercices de souffle] ou à l'apnée libre, essayer la respiration holotropique ou, si je me sens des envies d'ascétisme, le yoga toumo[7] ou la méthode Wim Hof.

Dès qu'on respire plus profondément, l'inconscient en redemande ; et, très vite, on met une discipline en place.

Mais il faut le faire en conscience, en lui accordant une vraie place. Voilà pourquoi il faut mettre un accent particulier sur le système cardiovasculaire, que l'on travaille sur le souffle ou le rythme respiratoire.

Il y a beaucoup de solutions pour isoler le système cardiovasculaire, dont les plus simples sont sans doute le yoga ou les étirements. Même pour des respirations extrêmement intenses et stressantes, on peut se contenter de s'étendre par terre, quasiment n'importe où ; dans une chambre, au parc, sur un tapis de sol, peu importe.

---

[7] Technique de yoga « de la chaleur intérieure », qui permet de repousser les limites de résistance au froid et se pratique par exemple en enroulant des linges glacés autour du corps. La méthode Wim Hof insiste quant à elle sur l'importance du froid et du travail en apnée. (NdT)

L'immobilité permet l'adaptation et l'expansion. En statique, on utilise moins d'énergie pour reconstruire les muscles et récupérer du travail de la respiration.

En courant, on utilise le système cardiovasculaire, mais celui-ci cherche seulement à compenser le travail musculaire en cours ; il nourrit les muscles et élimine les toxines, encore et encore. Ainsi, on ne fait pas progresser les capacités, on se contente de stresser le système.

Mais, lorsque le but c'est d'augmenter le potentiel, on peut alors inspirer et utiliser davantage d'oxygène, et donc devenir plus fort tout en éliminant le CO_2 de façon plus efficace. Bref, tout le système en bénéficie. Alors, on peut lui faire travailler autre chose. On va pouvoir rapporter ces techniques de respiration dans des activités ciblées, avec une meilleure concentration. Ainsi, on affecte le fonctionnement de l'organisme, à un tout autre niveau.

Tout cela, on peut y arriver en se contentant de pratiquer la respiration assise pendant une heure ou deux par jour – ou moins, si vous ne disposez pas de ce temps.

Le travail du souffle se concentre vraiment sur l'inspiration/expiration – sur la façon dont on peut dilater les poumons pour augmenter le volume. Nos poumons sont en effet très flexibles – on dit que leur surface totale déployée pourrait recouvrir un terrain de foot. C'est notre posture qui les maintient captifs.

Or, le stress de la vie quotidienne aggrave cette situation. Quand on a les épaules dures comme le roc – en mode « fuir ou combattre » – quand on est tendus avec les abdos serrés à fond, le volume respiratoire est quasi nul. Il n'y a littéralement plus la place pour respirer. Nous devons donc apprendre à en créer, en particulier dans les moments de stress. Pour cela, il existe des techniques précises.

Ainsi, en aspirant davantage d'air, en apprenant à respirer « par le bas-ventre », on peut aboutir à cette expansion qui améliore notre efficacité.

Cette technique peut mener à l'oxygénation complète, voire à la saturation. On le sent très vite – dans les lèvres, les oreilles, toutes les extrémités. Mais vous allez aussi découvrir que soudain, à l'expiration, tout est plus fort – et également que vous êtes capables d'enchaîner davantage de pompes, d'abdos et autres.

Sans ce travail préalable, chaque activité sportive augmente le besoin d'oxygène et, réciproquement, le CO_2 à éliminer, d'où l'augmentation du rythme respiratoire. On court derrière le souffle au lieu d'avoir anticipé les besoins grâce à un travail préparatoire.

Car, heureusement, l'évolution nous permet de nous préparer, en étant mieux connecté à notre respiration grâce à des techniques conscientes préalables.

Pour cela, néanmoins, le premier pas est de comprendre que nous sommes sous-oxygénés, voire carrément en manque.

Selon moi, l'un des gros problèmes avec les gourous du souffle – ceux qui font payer des fortunes pour des retraites et autres cours – c'est que, à les écouter, il faudrait carrément venir d'une autre planète pour y arriver. Ça sonne très exclusif, et peu de gens peuvent intégrer ça dans leur vie de tous les jours.

Je pense à toutes ces photos de gens pratiquant des postures de *pranayama* sur des plages paradisiaques au coucher de soleil ou au sommet d'une montagne. Non, vraiment ? Et comment je fais, si ma vie à moi c'est de prendre chaque matin mon RER bondé, entouré de gens aussi stressés que moi ? Comment je fais dans mon open space ? Ils sont où, mes palmiers ? Au fond, ça m'énerve encore plus qu'on me parle de respiration...

Sauf que la respiration en conscience peut se pratiquer n'importe où et dans n'importe quelles circonstances.

Si, par exemple, vous avez votre casque sur les oreilles et que la chanson se termine et ne passe pas à la suivante, qu'entendez-vous ? Votre souffle, exactement. Très fort dans vos oreilles. Voilà un moment idéal pour vous y mettre. Ou dans un bus, un train, peu importe. Prenez conscience du moment.

Écoutez votre souffle, son rythme ; puis, modulez-le. Jouez avec lui. Emmenez-le un peu plus loin, un peu plus profond. Utilisez votre diaphragme. Ralentissez-le, accélérez-le ; prenez de longues pauses entre l'inspiration et l'expiration. La respiration consciente, c'est exactement ça. Vous pouvez la pratiquer partout. Dès que vous êtes à l'écoute, vous vous améliorez.

Il y a un dicton qui dit : « Ton souffle est une voix : fais-le parler. » Et quand il parle, écoutez-le. N'oublions jamais que la relation à notre corps fonctionne dans les deux sens ! Quand le corps s'exprime, il faut être à son écoute, et répondre à ses demandes. La respiration consciente en est la clé.

Souvent, trop souvent, quand je fais travailler le souffle, je vois des gens la bouche ouverte, qui essaient de respirer très fort ; et je leur dis : « Respirez vraiment ; parce que si vous étiez en train de courir, et que vous respiriez comme ça, vous n'iriez pas bien loin. »

On en revient toujours au même truc – la conscience et la relation au souffle. Écouter, sentir. Et une fois qu'on est à l'écoute, qu'on prend la mesure de sa respiration, on peut décider d'aller un peu plus loin. On peut passer à la respiration nasale, comme avec la méthode Oxygen Advantage, exclusivement ou en alternance avec une respiration par la bouche, pour améliorer l'oxygénation et l'élimination du CO_2.

Les athlètes sont en meilleure santé parce qu'ils bénéficient des avantages que procure la respiration – encore que, dans ce domaine, on peut avoir des surprises, car nous ne sommes pas tous en bons termes avec notre souffle.

Encore une chose qui éloigne les gens. Ils regardent les sportifs de haut niveau et pensent : « Je ne peux pas y arriver. Je ne peux pas devenir comme elle ou comme lui. » En ce qui concerne la respiration, ça reste à prouver – vous êtes peut-être en avance sur eux.

Souvent, les athlètes ont un rapport faussé à leur souffle. Certains chiffres montrent même que, du point de vue de l'efficacité cardiovasculaire, il existe une proportion non négligeable des sportifs de haut niveau qui restent en dessous de la moyenne.

Car au fond, sportif ou non, peu importe : sans respiration consciente, nasale, on ne se situe qu'à la moitié de ses capacités.

Il m'est arrivé de coacher des groupes de sportifs et de leur dire : « Les gars, vous êtes l'équipe nationale de sprint, vous êtes footballeurs professionnels... Alors SVP respirez ! »

Ils ne savent même pas comment faire ! Et s'ils ne savent pas, c'est qu'on ne leur a jamais appris. Ils ne se sont jamais connectés à leur souffle. Mais ça ne m'étonne pas. Si vous ignorez son importance, à quoi bon le travailler ?

Pour moi, il faut que les choses aient un sens. Ce qui est théorique ou hypothétique ne m'intéresse pas. Je peux devenir très conscient de quelque chose dès le moment où je me rends compte de son importance. Quand ça a du sens, quand ça compte, je le fais. Parce que ça a une fonction clairement définie dans ma vie.

C'est peut-être un truc qui vient d'Hawaii. L'action consciente, délibérée. Tout est mis en pratique. La spiritualité hawaïenne se révèle toujours en pratique, dans des actions tournées vers la communauté.

Il n'y a pas de séparation. Si j'explore ma propre spiritualité, c'est pour des raisons pratiques, importantes – fabriquer un bateau, attraper un poisson, surfer une vague.

Selon les anciens Hawaïens, les êtres humains ont trois âmes :
l'âme inférieure : située près du plexus solaire
– « l'esprit qui ne dort jamais » -
elle gouverne l'ensemble du corps.
L'âme intermédiaire : « l'esprit qui parle »,
c'est cet esprit conscient, qui marche, pense,
raisonne, utilise la logique pour prendre
des décisions. Il réside dans la tête.
L'âme supérieure : c'est le lien personnel à la source
au-dessus de nous. Ce moi élevé est la source
de l'intuition, de l'inspiration et de l'amour absolu.
On le ressent en général au-dessus du corps.

CHARLOTTE BERNEY
Fundamentals of Hawaiian Mysticism
(*Fondements du mysticisme hawaïen*, non traduit)

À partir du moment où la respiration m'aide à mieux faire les choses et où j'ai une raison pratique valable pour le faire, je suis partant. Je fais les exercices. Je m'entraîne, je m'améliore. Sans compter, évidemment, que je n'ai pas très envie de mourir noyé.

Avant même de découvrir les techniques de respiration, j'avais déjà pris l'habitude d'imiter certains trucs qui m'arrivaient dans l'eau. En fait, il y a trente ans que je fais ça. J'ai commencé avant l'entraînement en hypoxie ou la méthode Oxygen Advantage. Par exemple, je retenais mon souffle entre deux fractionnés. En courant sur la plage, je m'arrêtais, cessais de respirer, puis je recommençais à courir. Tout simplement parce que c'était des conditions que j'allais retrouver en surfant.

J'imitais mon expérience, ce que je comprenais du milieu où j'évoluais ; c'était comme être pris dans une vague, quand l'eau vous emporte et vous entraîne vers le fond, où on se retrouve ballotté dans tous les sens sans oxygène.

L'imitation est toujours une technique intéressante. Quand on observe le monde dans ce but, on en apprend toujours beaucoup. C'est en répétant en fonction de l'environnement ou des circonstances qui peuvent se présenter, de la pression qu'on peut subir, qu'on apprend.

C'est, aussi, une façon de respecter l'évolution, qui est plus maligne que nous. Elle a pour avantage de n'avoir aucune limite de temps, aucune obligation sinon celle de l'efficacité. Donc, imiter ces formes de souffle sous pression, c'est imiter l'évolution.

L'état de méditation qui va avec le souffle – la présence, la conscience – est positif. Dès qu'on se lance dans le travail sur la respiration, on en arrive à la méditation, parce que c'est l'état que le souffle déclenche.

Apprendre à mieux supporter le CO_2, rendre les poumons plus efficaces – c'est-à-dire améliorer la respiration et se connecter à elle – c'est forcément un bénéfice. Et pas seulement parce que ça évite de mourir, mais aussi parce qu'on vit plus, de façon plus intense.

Elle a aussi des applications très spécifiques, comme la gestion de la douleur. Des techniques de respiration peuvent être utilisées pour travailler sur le seuil de tolérance et la douleur extrême.

La respiration peut aussi être utilisée dans des techniques de récupération. Elle s'avère plus efficace qu'on ne l'imagine. Aussi incroyable que ça puisse paraître, le souffle n'est pas seulement une source d'énergie, mais aussi de guérison ; il permet, plus qu'aucune autre technique, de contrôler la douleur et la peur dans le système nerveux autonome.

Tout est connecté. Notre régime a un impact sur les fonctions respiratoires, à la fois en termes de nutrition et sur les effets des aliments sur le système.

En particulier, quand on se lance dans les exercices de respiration, c'est en général l'estomac vide. Quand on a mangé, surtout beaucoup ou récemment, l'énergie n'est pas la bonne. Il faut adapter son alimentation aux exercices. N'oublions pas que l'oxygène, c'est de l'énergie, point barre – la seule énergie dont nous avons besoin avant de travailler, l'énergie principale de notre système.

Le souffle fait partie du processus holistique de l'organisme. Tous les mécanismes du corps utilisent l'oxygène, directement ou non. Tous les processus y sont liés. C'est la priorité des priorités. En respirant, on peut vivre de longues années ; sans respirer, de très brèves minutes.

Le cœur fait office de régulateur – l'oxygène ne va nulle part sans lui. Mais c'est le souffle qui fait fonctionner l'ensemble. C'est lui qui « garde la lumière allumée », le lien à notre moi conscient.

Rappelons donc que, comme on l'a dit pour le corps, il est intéressant de stresser l'organisme et le souffle

– parce que nous n'utilisons qu'une fraction de nos possibilités. L'évolution nous a donné des capacités dont nous ignorons la plus grande partie, et qui vont sans doute bien au-delà de notre imagination.

Il y a un Indien qui pratique une technique particulière, où il s'enregistre en train de souffler – ou d'inspirer, je ne me souviens plus – et ça dure plus de cinq minutes, en un seul tenant. Comment fait-on pour respirer comme ça ? Voilà un exemple des possibilités étonnantes de notre organisme.

On se rend compte qu'aux limites de nous-même existe un point de transcendance, et le souffle y joue un rôle. Pour les Hawaïens, inspirer le souffle d'un dauphin, par exemple, est extrêmement puissant. C'est un échange de force vitale, d'énergie.

Je comprends que ces idées, cette mythologie, ce mysticisme sur le souffle, puissent choquer. Mais qui sait ? Encore une fois, c'est peut-être un de ces trucs que notre instinct nous suggère et qu'un jour la science parviendra à démontrer.

En tout cas, dans les croyances polynésiennes, le souffle est capital. Quand deux Maoris se rencontrent, ils se pressent le nez l'un contre l'autre. Quand ils respirent, ils échangent le *ha*.

C'est indirectement que je connais la valeur du souffle pour les îliens. Pas toujours pour de bonnes raisons. J'ai grandi en tant que *ha'ole*[8], souvenez-vous – c'est le nom que les Hawaïens donnent aux Blancs, et qui signifie « sans le souffle de vie ».

---

[8] Voir p. 24.

Dans certaines fêtes, nous chantions des chants qui ressemblaient beaucoup aux *hakas* des Maoris. Je sais aujourd'hui que le *haka* est un échauffement respiratoire. Bien sûr, c'est un chant guerrier d'intimidation – mais c'est une préparation pour la bataille, pour un des plus terribles moments de stress pour l'organisme : le fait de lutter pour survivre.

L'inspiration et l'expiration, la façon dont elles sont accentuées par le *haka*, permettent d'évacuer le CO_2 pour augmenter l'oxygénation du système. C'est une préparation physique optimale *via* le souffle.

Ce sont des pratiques anciennes, basées sur la réalité biologique et physiologique de l'organisme, liées à notre survie.

Le souffle est une force. Je pense au *kiai* des arts martiaux – l'importance de canaliser l'énergie pour la concentrer sur une action.

Quand le guerrier utilise le souffle, le *son* de celui-ci – le volume d'air exhalé – est une façon de montrer sa capacité pulmonaire. Plus elle est élevée, plus le guerrier est fort. D'où le cri de guerre, qui est une preuve du potentiel physique.

Rétrospectivement, je me souviens de toutes les fois – en plus des moments où l'océan m'a rappelé cruellement l'importance de l'oxygène – où le mysticisme polynésien, les chants, les danses, m'ont montré cela. Ils sont tous basés sur le souffle.

Tout est un cercle, j'imagine. Je parle du souffle du point de vue de la performance et du surf, mais ça me ramène à la culture hawaïenne.

Le souffle, donc, est à la frontière entre la science et la spiritualité – et la science ne cesse de confirmer ce que nous savons intuitivement, de valider nos croyances. Le problème, parfois, c'est que cette façon de présenter les choses peut bloquer des gens, qui se disent : « Très peu pour moi. » Pour certains, ça sonne trop métaphysique, limite sectaire.

Pourtant, je déteste les sectes et les gourous. J'en ai croisé pas mal, et j'ai vu comment ils se mettent toujours en avant. Peut-être qu'il y a des gens qui ont besoin de ça, d'avoir quelqu'un qui les guide. Pas moi. Ce n'est pas une question de responsabilité, mais plutôt d'honnêteté.

Je me fiche des meneurs et de leaders spirituels. Ce qui compte, c'est de faire le voyage ensemble. C'est un moment d'*ohana* – on embarque côte à côte, pour découvrir quelque chose.

Le partage est important. « Je veux partager des trucs que j'ai découverts – par exemple autour du souffle – pour que vous puissiez les essayer. » Voilà une présentation qui, à mon avis, fait toute la différence.

J'ai juste envie que les gens se fassent plaisir à découvrir leur potentiel caché, à appuyer sur les boutons pour ressentir ce que je ressens.

Parfois, j'ai l'impression que tout devient trop intello. On a aussi besoin de « pleine inconscience ». L'inconnu est tout aussi important que le connu.

Et pour moi, tout ce côté intello, ça vient essentiellement de la paresse. « Je pratique un peu la pleine conscience, je mets un *hashtag* sur les réseaux, et basta ». Une façon élégante et rapide de tirer au flanc, de ne pas se mettre réellement au travail.

Nous cherchons encore la voie de moindre résistance – OK, passez-moi la pilule magique, je vais pratiquer la *mindfulness*. Moi, quand quelqu'un me dit : « Tu sais, je fais de la méditation », je réponds souvent : « Cool, mais est-ce que tu respires ? »

Quand tu respires vraiment, tu peux dire que tu médites. Parce que méditer sur quelque chose, c'est en être conscient. Aujourd'hui, le mot « méditation » évoque un truc façon moine bouddhiste. Mais non, ça n'a rien à voir. C'est juste de la prise de conscience. Ça n'a rien à voir, non plus, avec le genre de relaxation bien-être que les gens imaginent. L'inconfort fait partie de la méditation.

Chez un copain, j'ai rencontré des moines bouddhistes. On s'est assis en lotus – enfin, en demi-lotus pour moi. On a gardé la posture pendant un certain temps. À la fin, j'ai demandé au gars à côté de moi : « Au bout de combien de temps on s'habitue ? Au bout de combien de temps ça cesse d'être douloureux ? »

Il m'a répondu : « Jamais, en fait. C'est conçu pour être douloureux – c'est comme ça qu'on reste présent et conscient. »

Et dire qu'il y a des gens qui s'imaginent que méditer, c'est prendre une position relaxée et se détendre par le souffle ! C'est vrai que leur posture et leur intensité peuvent donner à se méprendre, mais ce n'est pas de la relaxation. Toute la question est là. C'est de là que vient l'intensité.

Le souffle, donc, a des pouvoirs incroyables. C'est une des choses qui illuminent la créature brillante que nous sommes, à la fois sur le plan biologique, physiologique, neuropathologique, émotionnel et spirituel.

On peut s'en servir pour se gérer soi-même. Des gens comme Wim Hof (voir page 174) montrent qu'on peut pousser les limites du souffle bien au-delà de ce qu'on croit, jusqu'à lutter contre une infection bactérienne ou un virus, voire les éliminer.

Pour moi, tout cela ne fait que prouver, encore une fois, qu'entre le scientifique et le spirituel, il se passe beaucoup de choses à de nombreux niveaux. Je dis toujours qu'il y a une manifestation physique à toute sensation, toute émotion, et qu'il y a toujours une manifestation émotionnelle d'une sensation physique.

Au fond, rien n'est jamais tout l'un ou tout l'autre – tout est connecté.

Entrepreneur aux pieds nus

Curiosité et innovation, souffle et âme de l'entreprise

La curiosité et l'innovation sont le souffle de tout entrepreneur, de toute entreprise qui cherche à créer quelque chose de durable et rempli de sens.

La curiosité est le souffle inconscient – fondation et matériau de base de toute affaire qui fonctionne.

Ce qui pousse une société, c'est le questionnement permanent – Pourquoi ? Quoi ? Quand ? Où ? Qui ? Comment ? – et la volonté de ne rien laisser au hasard dans la perspective de s'améliorer, même quand la routine semble s'installer.

L'innovation, elle, est le souffle conscient qui détermine la performance, la vitalité et la force.

L'une et l'autre sont indispensables pour une entreprise équilibrée et qui fonctionne à plein régime.

Mais elles exigent de la conscience, et la possibilité de se tourner vers elles à tout moment. Elles doivent être travaillées, nourries et améliorées dans tous les types d'entreprise.

Et tout les affecte – l'objectif, la culture, la disponibilité émotionnelle, la structure hiérarchique et, au final, la vision.

Ici, Laird et Gabby décrivent comment leur curiosité permanente et leur goût de l'innovation sont au cœur de l'ensemble de leurs activités commerciales. Laird explique sa façon d'appliquer le principe d'*ohana* pour créer une équipe de collaborateurs en vue d'un objectif précis. Et Gabby nous montre comment sa connaissance intime de Laird et son propre flair leur servent de guide pour rester authentiques.

LAIRD

Je crois que je suis naturellement curieux, et j'essaie d'entretenir ça le plus possible. Je veux continuer à l'être. Je crois que c'est l'une des clés de la jeunesse : garder son enthousiasme, c'est garder sa curiosité, celle qui nous permet d'apprendre.

Pourquoi les enfants apprennent-ils si facilement ? Parce qu'ils sont curieux de tout. Tout les intéresse. Et je pense que c'est un aspect important de ma personnalité, de ma nature. Je cultive cette curiosité parce que je recherche toujours de nouveaux trucs à apprendre, de nouvelles informations pour m'ouvrir l'esprit. Ce que je remarque, c'est que plus on est ouvert, plus on reçoit.

Je ne me compare pas aux autres, ni personnellement ni pour mes entreprises. En revanche, je reste à l'écoute, je sais apprendre des autres.

Des entreprises comme GoPro m'ont inspiré. C'est une boîte intéressante, parce qu'unique sur son créneau. Le concept est si simple, au départ : comment faire une caméra avec laquelle on puisse surfer ?

C'est toujours passionnant d'étudier des entreprises qui fondent un secteur. J'adore ça. Elles ne survivent pas toujours mais, d'une certaine façon, c'est très bien comme ça – parce qu'elles inspirent les autres. Le vrai succès de ces marques, ce n'est pas la distribution, ni le côté financier, ni la fabrication : c'est, vraiment, le concept. Elles ont forgé un nouvel espace.

Quand on prend des entreprises comme Yamaha ou Honda, particulièrement remarquables, on se rend compte qu'elles sont toujours à la pointe du progrès, mais de façon mesurée. En fait, elles fabriquent pratiquement les meilleurs produits du monde dans leur catégorie. Personne ne peut leur tenir tête sur ces secteurs. Côté moteur, par exemple, qui peut se mesurer à Yamaha sinon Honda, et réciproquement ?

J'avoue, je suis peut-être un peu partial là-dessus. Ce sont deux boîtes que j'aime, parce qu'elles fabriquent des trucs que j'adore. N'empêche qu'elles m'inspirent, parce qu'elles sont constamment dans l'innovation. J'aime cet aspect, l'émulation qui existe entre elles et au sein de chacune d'elles. Elles se demandent sans cesse : « Comment améliorer ça ? Comment continuer à innover ? »

Je repense à GoPro. Ils se sont lancés sur un marché qui existait déjà. Ce n'étaient pas les premières caméras. Mais il y a aussi la question du tarif, de la gamme de prix. Je crois que le secret est là : mettre un prix sur l'innovation pour permettre au produit de décoller sans le brader. L'offrir au plus grand nombre, le rendre abordable.

GoPro aurait sans doute pu produire des caméras plus chères, voire vendre les leurs à des prix plus élevés. Mais ils ont visé un créneau de prix efficace pour que les gens les achètent et les utilisent.

L'innovation, le fait de rester créatif, est également liée à la communauté. Elle repose sur les gens que vous fréquentez, leurs activités, leurs centres d'intérêt, leurs sujets de conversation… et la façon dont ça influe sur vous. J'ai des amis qui se passionnent tout le temps pour de nouveaux trucs, qui cherchent des produits cool, et qui m'envoient leurs trouvailles. Gabby, en particulier. En fait, les gens que je côtoie sont plus ou moins tous comme ça – ils cherchent.

Quand vous êtes curieux, vous avez tendance à fréquenter des gens qui le sont aussi. C'est un cercle vertueux.

Et ça ne concerne pas que les nouveaux produits. Il en va de même quand il s'agit de résoudre des problèmes, parce que la curiosité nous aide à surmonter les difficultés. Quand on accepte de s'entourer de gens comme ça, d'être nourris par eux, je crois qu'on trouve forcément les solutions et le savoir.

Je pense que, même assis ici, dans ce bateau, je pourrais tout apprendre de l'Univers, pourvu que je reste ouvert, intéressé et connecté aux bonnes personnes.

Cela dit, je ne me sers pas des autres comme point de référence pour me guider. Ça, je ne le fais jamais. Je pense que c'est une erreur.

Ça ne veut pas dire que je n'apprécie pas la performance des autres – ou, dans les affaires, la réussite d'une autre entreprise. Je pense que, au bout du compte, je me trouve différent des autres, et même quand il s'agit de choses que je fais aussi, ce qui compte, c'est que c'est moi qui les fais.

On ne peut être le seul à avoir de bonnes idées. Avec le nombre de gens qu'il y a sur terre, il est évident que quelqu'un, quelque part, va avoir la même idée que toi. Croire le contraire est irréaliste.

Mais la différence, c'est toi. Quand l'individu s'en mêle, les similarités disparaissent.

Je comprends que, parfois, prendre quelqu'un pour modèle ou référence peut vous booster – quand quelqu'un réussit quelque chose dans votre secteur, vous regardez comment il a fait ; et parfois, on essaie quelque chose de nouveau et on se dit : « C'est intéressant. » Mais ce qui compte, c'est se l'approprier.

Votre particularité sera toujours votre force, et ce qui fait ce que vous êtes.

Je pense que mon processus d'innovation provient de ma propre évolution – de mon désir de continuer à évoluer sans cesse, de découvrir de nouvelles choses, de m'intéresser à tout.

Qu'est-ce qui nourrit ça ? Je crois que ça puise ses racines dans ma nature, peut-être ma tendance à m'ennuyer rapidement et à ne pas supporter le *statu quo*, la monotonie des tâches répétitives, et à toujours chercher ce qui change, ce qui me passionne.

J'aimerais me lancer dans d'autres secteurs. J'ai des idées. Mais je ne veux pas non plus me lancer à l'aveuglette. Pour moi, je crois qu'une idée mêle le conceptuel et le pratique. Il faut réunir les deux aspects.

L'innovation, pour moi, doit avoir des applications pratiques. Je suis très pragmatique. Je pose la question tout simplement : « Quelle est ton innovation ? Quelle est son application ? » Si on ne peut pas répondre à ça, ce n'est que du rêve, non ? Moi, je veux des innovations concrètes. Je pense qu'une grande partie de l'innovation réelle est liée à la capacité à comprendre, à saisir quelle est l'application.

Dans certains trucs où je me suis lancé, j'ai entendu des gens me dire : « Ça, j'y ai pensé il y a une éternité. » Je réponds : « D'accord, mais tu n'as pas vu ce que ça signifiait réellement ; tu ne l'as pas poussé comme nous. »

Je pense que l'innovation est un don, et que plus on l'exerce, plus on le cultive, plus on excelle ; alors, on peut l'appliquer à d'autres secteurs.

Une fois qu'on a trouvé la formule, on peut sans doute changer de domaine et essayer de l'appliquer à nouveau.

Je pense que l'innovation est une formule qui peut s'appliquer partout, une fois qu'on a pris l'habitude. Comme la formule du succès, dont nous avons parlé. On peut la réutiliser dans d'autres contextes.

Actuellement, j'ai l'impression que l'innovation pure vient du côté des hybrides – des éléments combinés. Nous avons fait énormément de progrès techniques dans beaucoup de domaines, mais en les associant, ils forment de nouvelles avancées.

Je pense en particulier à celles qui me concernent, les plus simples. Il y avait le paddle et il y avait le surf, et en les associant on a le paddle surfing.

Il y a dicton pour ça : « La nouveauté n'existe pas, il n'y a que l'application nouvelle de vieilles idées. »

Et les idées doivent continuer à vivre, n'est-ce pas ? On a toujours mille trucs en tête, des intuitions géniales. Il y a toujours quelque chose qui nous inspire, un problème à résoudre.

L'innovation provient souvent de cette résolution de problèmes. C'est même sa base la plus solide : comment réparer ou améliorer le plus efficacement possible quelque chose qui nous pose souci ?

L'innovation, c'est juste la commercialisation du principe d'innovation.

Par exemple, j'ai une idée qui me trotte dans la tête en ce moment, qui s'inspire des travaux que je fais dans notre nouvelle maison, où je dois nettoyer le terrain. Je pensais utiliser un nettoyeur haute pression pour débroussailler. Mais il se trouve que ça existe déjà – quelqu'un a déjà inventé un appareil qui fonctionne sur ce principe.

N'empêche que j'ai envie de travailler sur cette idée – lutter contre les mauvaises herbes résistantes avec de l'eau chaude, ce qui évite tous les produits chimiques. Attention, il faut des températures extrêmes, parce qu'ici, sur l'île, on a des plantes résistantes, et qui causent pas mal de dégâts. Du coup, j'ai de quoi tester la puissance nécessaire.

Ce que je veux dire, c'est que les idées viennent toujours conjointement avec mon appréciation de ce qui est applicable ou non.

Ça nous renvoie, bien sûr, à l'authenticité. Pour moi, l'idée est liée à un besoin réel, un besoin qui dépasse mon propre intérêt et devient donc un objectif commercial. Quand j'innove, c'est par l'action consciente dans un besoin fonctionnel immédiat.

Mais l'inspiration n'est pas tout : il y a la question du travail. Quand je parle de mettre une idée en pratique, ce n'est pas seulement l'appliquer, c'est aussi s'y appliquer. Ça demande beaucoup de soin et de travail.

Pour les *foil boards*, par exemple, nous n'avons jamais cessé le travail de recherches et développement. Pas à pas, on a tout testé, mesuré, fait évoluer. Un changement à la fois. Une pièce par-ci, un angle par-là, un nouveau matériau. On a avancé une étape après l'autre, pour toujours améliorer le produit. C'est une quête sans fin.

Mais notre processus d'innovation sur le *foil board* ne se cantonne pas au travail avec l'*Oracle*[9].

---

[9] Bateau de l'équipe américaine de l'America's Cup, partenaire de Laird pour la recherche sur les *foils* [NdT].

C'est certainement notre partenariat le plus global et capital pour l'innovation, mais ce n'est pas le seul.

Quand on innove, il faut être ouvert à tout, aux partenariats de toute taille et de toute nature.

J'ai toujours fait ça : créer des équipes autour d'un concept que j'ai envie de changer, pour innover. Pour cela, en réalité, j'utilise un modèle de collaboration où je m'entoure des meilleurs dans un objectif déterminé.

Mais je collabore aussi avec des gens à plus petit niveau. Je travaille toujours avec trois personnes différentes, qui testent de nouveaux produits, me les envoient pour que je leur donne mon avis, et retravaillent dessus.

Entre *Oracle* et eux, c'est comme un écosystème de partenaires d'innovation pour atteindre mes objectifs, pour continuer à innover sur tous les fronts.

GABBY

Laird ne tient pas en place. On dirait un gamin curieux. Comme je l'ai dit, c'est un mélange de Denis la Malice et de scientifique. Mais il tient son cap, quoi qu'il arrive. Là-dessus, on se ressemble.

Se comparer sans cesse aux autres, se mesurer à leurs performances, ce n'est rien d'autre qu'une distraction.

Une fois, en 1996 ou 1997, je me suis trouvée avec Laird à Newport Beach. J'avais une compétition de volley, et lui était venu pour surfer de grosses vagues – on en trouvait pas mal à l'époque. Il n'avait rien à prouver à personne, mais Newport Beach abrite une grosse communauté de surfeurs, la culture du surf y est très implantée. Il se passe vraiment un truc là-bas, vous savez ? C'est un endroit particulier. Ils ont leur façon de parler, de s'habiller...

On était là, en train de prendre notre petit-déjeuner, et Laird était en short – un short sans doute trop court pour la mode de l'époque – avec son vieux T-shirt et ses cheveux en pétard, bref, comme d'habitude. Pas vraiment le genre de Newport, vous voyez ? Et je me souviens avoir pensé : « Il n'a pas le temps de se demander quel est ou devrait être le style d'un surfeur – parce que c'est ce qu'il est, ce qu'il fait, complètement. »

Je crois que ça vaut pour le reste. Quand on passe trop de temps à regarder les autres, à se comparer, on ne peut pas rester sur sa voie. Mais de la même façon, si quelqu'un fait quelque chose de vraiment bien – même si ça ressemble à ce que vous faites – alors, vous pouvez l'apprécier, parce que vous êtes libre d'aimer tout ce qui est positif, sans vous cantonner à vos propres réalisations.

Se comparer, surveiller la concurrence, c'est finalement une entrave. Ça bloque l'esprit, le *flow*, les idées, ça vous limite. Au contraire, dire à un concurrent : « Bravo, beau travail ! », ça vous libère.

Laird le fait naturellement. Au lieu de se sentir menacé, sa réaction, c'est : « Je vais regarder et apprécier ce que les autres font de bien. »

C'est un état d'esprit très positif pour un entrepreneur, parce que ça facilite le travail en collaboration. On accepte sans problème que quelqu'un dans le groupe fasse quelque chose d'exceptionnel, de brillant.

Écouter

Dans l'agitation du monde moderne, on oublie parfois de respirer. On en ressort souvent lessivé, irrité et en manque d'oxygène. On lutte en permanence ou presque contre le bruit de fond de nos vies. Celui-ci est encore aggravé par le tumulte des voix qui nous envahissent *via* les réseaux sociaux. Il y a notre moi au travail, notre moi par mail, notre moi Twitter, notre moi Facebook, notre moi Instagram. Chacun d'eux est pris dans des conversations permanentes, qui ne font qu'accroître le vacarme. Bien sûr, ça peut avoir des aspects positifs, mais il y a aussi des inconvénients. Dans tout ce bruit, comment percevoir la voix de notre corps ?

Laird est un ardent défenseur de la respiration consciente. Une respiration que l'on écoute, sur laquelle on se concentre – rythme, profondeur, durée – est sans doute l'un de nos plus grands atouts. Chaque inspiration nous ramène au centre de nous-même, loin de la cacophonie ambiante. Remplir sa poitrine, se vider l'esprit, c'est chaque fois un pas vers la transcendance.

Évidemment, quand on s'inquiète pour ses fins de mois, la transcendance peut apparaître comme un luxe. Pourtant, elle n'est pas l'apanage d'ermites au sommet d'une montagne ou au fond d'une grotte. Chacun de nous porte en lui les outils pour y accéder.

Pour Laird, la respiration est l'un des plus grands atouts du moi physique et du moi spirituel. Grâce à elle, on peut améliorer notre capacité pulmonaire, et par conséquent notre vitalité et nos performances ; mais c'est aussi un outil d'introspection, qui nous permet de nous tourner vers nous-mêmes pour être vraiment à l'écoute de notre corps.

Laird souligne l'importance capitale d'une telle écoute. Il croit que, pour accepter pleinement les créatures brillantes que nous sommes, nous devons apprendre à écouter notre corps sans cesse, à faire confiance à ce qu'il nous dit. Et nous devons agir en fonction. Grâce à l'écoute, nous pouvons réagir concrètement au changement permanent qui se déroule dans le corps, et interagir avec ses capacités infinies. La conscience est simplement l'interface entre nous et la fascinante complexité des systèmes et des processus à l'œuvre dans notre organisme. Pour Laird, la respiration en est la manifestation la plus concrète – un dialogue sain entre nous et la créature brillante que nous sommes. Selon lui, cette interaction entre le moi intérieur et le moi extérieur est la clé pour surfer sur les turbulences de la vie. Tant qu'on n'est pas à l'écoute, on n'est pas entier. Ainsi, les deux valeurs qui nous intéressent ici sont la *confiance* et la *réciprocité* – avec le souffle qui les unit l'une à l'autre.

Confiance

Laird est quelqu'un de confiant. Pour lui, c'est une qualité fondamentale. À ses yeux, la confiance n'est pas seulement une condition sociale dont le but est de guider l'intégrité des actions individuelles et institutionnelles. Sa conception est bien plus radicale et profonde : elle est une foi en l'organisme que nous sommes. La confiance, c'est le fait de croire aux capacités de l'organisme humain, à sa sagesse génétique. Il croit en son intuition, qui lui souffle des choses que la science ne connaît pas encore sur le monde naturel et les lois invisibles qui le régissent, sur la façon dont celles-ci dictent nos comportements. Il fait confiance à l'inconnu, en *l'inconnaissance*, à ce qui échappe, maintenant et peut-être pour toujours, à notre compréhension. Il croit à la logique, à l'ordre et à la permanence des choses, aux causes, et il croit tout autant au chaos, au désordre et à l'impermanence – la capacité de la vie, de la nature, des gens et des circonstances de nous confronter à de nouvelles aventures complètement inattendues. Et pour lui, la voie qui existe entre les deux est notre état le plus naturel et honnête.

Parce qu'il fait confiance à tout ça, il est libre de sentir que quelque chose d'aussi simple que la respiration consciente lui permet aussi bien de décompresser après un entraînement que d'aborder la méditation – mais aussi d'atteindre des états transcendantaux aux possibilités illimitées.

Sans cette confiance aussi simple que fondamentale dans l'organisme, on cesse d'écouter et d'apprendre. Quand on cesse d'apprendre, on cesse de grandir.

Réciprocité

La plus grande des réciprocités est celle qui existe entre notre moi conscient et notre moi inconscient. Notre capacité à écouter les « voix » par lesquelles notre organisme communique avec l'un et l'autre est fondamentale pour notre bien-être. Mais il faut que la communication fonctionne dans les deux sens. Car, on le sait, quand on n'écoute jamais les conseils d'un ami, il finit par ne plus nous en donner.

Nous sommes des créatures adaptables. L'organisme humain a survécu tout ce temps car il répond et s'adapte à son environnement et aux circonstances. Au niveau génétique, nous possédons un savoir qui vient de générations et de générations d'essais et d'erreurs ; notre réponse à une situation ou une menace donnée nous montre comment mieux réagir à la suivante. L'organisme a codé ce savoir dans l'ensemble de notre corps. Quand il nous parle, il faut l'écouter. Plus encore, il faut le respecter et lui répondre. L'échange entre nous et nos mécanismes intérieurs est capital pour vivre pleinement.

Ohana

Dans la notion d'*ohana*, on trouve le lien de chaque individu à la nature du *ha*, le « souffle de la vie ». C'est le don le plus précieux que l'on puisse faire au monde. Les communautés se fondent sur la capacité de chacun à utiliser son *ha*, non seulement pour lui mais en tant que partie d'un groupe et au bénéfice de tous. Notre façon d'utiliser notre force vitale, de la partager avec nos proches et ceux qui comptent sur nous, est la condition même de création d'un lien social solide. Nous devons pouvoir compter sur les autres pour agir de façon appropriée, de leur propre chef et par réflexe. Et ils peuvent compter sur nous pour faire de même.

L'*ohana* n'existerait pas sans les pierres angulaires que sont la confiance et la réciprocité. Je ne peux m'engager au service des autres que si (a) j'ai toute confiance en leur intégrité et leur capacité à agir dans l'intérêt collectif quoi qu'il arrive, et (b) je sais que l'échange sera juste et équitable, qu'il concernera tous les membres du groupe, en particulier dans les moments périlleux ou difficiles. Quand la survie est en jeu, ce n'est pas le moment de devoir se poser des questions comme : « Puis-je faire confiance à mon voisin ? » ou « Si je fais quelque chose pour lui, me le rendra-t-il au moment où j'en aurai besoin ? » Si ces questions ne sont pas résolues, le système ne tient pas.

Ainsi, pour vivre pleinement le principe d'*ohana*, nous devons chercher la confiance et la réciprocité, aussi bien en nous qu'avec les autres.

Petit exercice d'écoute

La capacité à être à l'écoute de notre corps est essentielle pour notre bien-être. Elle ne peut pas rester passive : il faut atteindre une relation active. Elle seule nous permet d'atteindre notre meilleur niveau, pleinement engagé physiquement et mentalement dans notre tâche tout en écoutant non seulement notre souffle mais tout ce que dit notre corps quand il est « dans le *flow* ».

L'écoute doit être active, tournée vers le moi ; elle doit nous élever, sinon nous transcender. Tendez l'oreille. Sortez le nez du guidon, levez les yeux. Et écoutez-vous.

Faites confiance à ce que dit votre corps, et rendez-lui la pareille. Votre moi conscient et l'organisme à qui il sert d'interprète sont une équipe, ils doivent travailler ensemble.

Un peu plus haut, Laird a parlé de l'écoute au casque, qui permet de s'évader de la routine des transports. Les casques, en particulier les modèles antibruit, font de la respiration une vraie mélodie. On peut donc les utiliser comme un moyen de se « mettre à l'écoute ». Pendant toute une journée, faites de votre respiration votre unique playlist ! Gardez les écouteurs, mais coupez la musique et les podcasts. N'écoutez rien d'autre que votre propre souffle. Écoutez-le quand vous montez des escaliers, quand vous marchez, quand vous êtes assis dans le train. Concentrez-vous sur ce son. Une fois que vous êtes dans l'écoute, allez plus loin : observez les sensations qui viennent quand vous vous déplacez. Écoutez comment les variations de votre souffle font réagir votre corps. Vous ressentirez la relation qui les unit. Dix petites minutes d'écoute quotidienne peuvent vous en apprendre beaucoup – et même devenir addictives !

TOUT EST CONNECTÉ

Nous étions dans cet instant du *Aha*
Nous étions le *Aha*
Alors, nous avions le savoir
Et peu à peu nous nous sommes éloignés
De toutes ces choses.

LAIRD HAMILTON

Notre univers est en expansion, et nous le sommes comme lui.

Les technologies catapultent notre humanité vers l'avenir. Brillantes, toujours plus efficaces, elles nous ont permis d'ajouter à notre évolution biologique une évolution culturelle qui nous a propulsés au sommet de la chaîne alimentaire.

Le présent est passionnant : tandis que la convergence entre l'humanité et la technologie s'accroît, nous avançons vers le point de bascule où nous n'existerons plus seulement en tant que créatures.

Certains entrevoient un futur plus brillant encore, une nouvelle aube – un moment de transcendance où l'homme et la machine vont s'unir dans un « Un » protéiforme et immortel.

D'autres y perçoivent une forme d'arrogance qui ne peut mener qu'à des heures sombres, dans lesquelles nous perdrons notre liberté au profit des machines, au point de rendre notre espèce obsolète.

Mais il se peut qu'en découvrant l'équilibre entre le connu et l'inconnu – dans l'espace où se rencontrent la nature intuitive et instinctive de notre moi animal et les capacités augmentées et accélérées du moi-ordinateur – nous trouvions aussi notre plus belle trajectoire.

Dans ce chapitre, Laird explore la nature connectée de la créature brillante que nous sommes, des vies que nous menons, et le lien exceptionnel qui nous relie au monde à la fois naturel et social qui nous entoure.

Il examine aussi sa propre hyperconnectivité, ainsi que ses attaches au passé, au présent et au futur.

LAIRD

Tout est connecté – le cœur est connecté à l'esprit, à la vue, au souffle, à la peau, à l'ADN, à votre famille, vos amis, l'environnement, les expériences, les émotions, les rêves, la communauté, la culture, l'énergie, la matière, les vibrations, au cosmos, depuis l'aube jusqu'à la fin des temps. Tout n'est qu'un cycle perpétuel de vie, de mort et de résurrection.

La vérité, l'honnêteté, existent pour nous en tant qu'individus, en tant qu'humanité et en tant qu'espèce. Mais nous nous en éloignons, semble-t-il. Aussi, tout ce qui peut servir à réaffirmer la vérité est bon.

Tout peut nous affecter. Quand on pense à notre système, à ce qu'il contient, à ses besoins et son fonctionnement, ses capacités et ses talents, nous pouvons nous voir comme un tout cohérent.

Dans notre corps se trouvent de l'eau, de l'énergie, des champs magnétiques, des marqueurs génétiques, des systèmes conscients et inconscients. Nos traits neuro-pathologiques relient tout ça, avant même que nous pensions à nous connecter aux organismes et aux êtres qui nous entourent.

Cette connectivité existe dans les plus petites choses. L'autre fois, je discutais avec un type qui m'a dit : « Je voudrais devenir plus souple. » Je lui ai répondu : « Est-ce que tu t'hydrates ? Parce que sinon, ce n'est même pas la peine de parler de souplesse. Il n'y a aucune chance qu'elle s'améliore si tu ne t'hydrates pas correctement. »

À une époque, l'être humain savait cela. Nous comprenions d'instinct cette connexion entre toutes les choses. Mais aujourd'hui, elle nous surprend. On ne fait plus le lien, par exemple, entre souplesse et hydratation. Pourtant, pour être conscient, pour être en rapport avec le monde, il ne faut rien laisser au hasard, et surtout pas ce genre de détails. Il faut recommencer à analyser tout ce qui se passe, comme nos ancêtres, avant que nous perdions cette connexion.

Aujourd'hui, on se rend compte qu'on est mal hydraté, qu'on a mal dormi ou que notre vision n'est pas optimale... et on se demande pourquoi notre coordination ou notre équilibre ne sont pas à leur meilleur niveau.

Mais une fois qu'on a compris que tout est lié, on change notre réponse. On fait plus attention aux choses. On découvre les parties de l'organisme qui sont plus faibles, relâchées ou simplement endormies. Et on se met à tester les limites, à jouer sur le stress. On consacre toute notre attention à l'organisme. La vue, l'hydratation, le sommeil, la nourriture, la température, l'ouïe, la sensibilité, le toucher, la plante des pieds...

chaque élément affecte les autres. Il nous suffit d'améliorer notre conscience de cette vérité, par exemple l'impact du souffle.

Pour moi, la vision est cruciale. C'est pour cela que j'y fais tellement attention. J'ai une application pour entraîner mon regard. Il est aussi très efficace de sortir la nuit, quand les étoiles brillent. C'est un moment où notre acuité visuelle est particulièrement sollicitée. Mais je suis conscient aussi de ce qui affecte ma vision : ce que je mange, le stress, l'environnement... tout cela doit être relié dans notre tête.

Quand la vision, l'hydratation, la nutrition ou le sommeil sont troublés, ils affectent à leur tour les autres éléments et l'ensemble du système. Ça marche dans les deux sens, au-delà de la division purement académique entre le rationnel et l'émotionnel, entre le scientifique et l'intuitif. Nous connaissons suffisamment d'éléments sur le système autonome, la nature électromagnétique de notre cœur et de notre cerveau pour changer et adopter une approche plus holistique, ou quel que soit le nom qu'on lui donne. C'est l'essence même de la connexion.

Tout affecte tout. Quand tu doutes, quand tu as des problèmes dans ton mental – stress dû au travail, tristesse – ça affecte le système, directement ou non.

L'accepter, comprendre que c'est comme ça que ça marche, c'est déjà faire un pas vers une meilleure façon de gérer les événements négatifs, à aider le système et à conserver l'équilibre.

Car il y a une vérité toute simple : on est obligés d'avoir des pensées négatives, à moins d'être Wonder Woman et Superman – et encore... Nous sommes toujours susceptibles d'être affectés négativement. Pas moyen d'y échapper. C'est la vie, la friction avec le réel.

La différence, c'est notre façon de réagir. L'impact des éléments négatifs dépend de notre réaction, non pas des éléments eux-mêmes.

Il ne panique jamais – je pense aux moments où le stress est carrément énorme, même et surtout au milieu des pires difficultés. Je ne crois pas qu'il cherche à fuir ou à masquer ses passages à vide. Il les traverse, il les affronte. Il ne cherche pas à se justifier, à leur échapper, à se raconter des histoires. Il ne fuit jamais ses émotions – il n'a pas peur de pleurer. Il ressent la douleur et il va droit sur elle, parce qu'il veut la regarder dans les yeux, face à face, avant de la dépasser. Je crois que quand on refuse de faire face, quelle que soit la situation – la douleur, la tristesse – les émotions restent captives en nous. Laird refuse. Il ne réprime pas grand-chose. Il ressent pleinement – il ressent tout, immédiatement, au lieu d'attendre des années.

GABBY REECE
Épouse de Laird

Deux solutions : soit on lutte contre le courant – et la vie nous frappe encore et encore – soit on chevauche la vague.

Soit tu penses : « Je n'en reviens pas d'avoir ce genre de pensées » et tu te fabriques tout seul du conflit et de la pression, soit tu te dis : « Oui, c'est normal – pas super, mais normal, tout n'est pas rose tous les jours – et je vais m'en sortir. »

Le visible et l'invisible affectent notre équilibre, notre organisme, sans même parler de l'endroit où on vit, de nos voisins ou du vent qui souffle. Vous levez-vous avec le soleil ou avant ? À quelle heure allez-vous au lit ? Vous aurez beau dormir dix heures, si avant de vous coucher vous vous êtes gavé de séries ou de jeux sur écran, avec toute cette lumière bleue, et si vous ronflez jusqu'à midi, ce n'est pas du vrai repos, du bon sommeil, et ça va peser sur votre journée.

Le repos, c'est comme l'hydratation : on le fait bien, ou on ne le fait pas. Dans ce cas, il affecte toutes les autres fonctions – physiques, mentales et émotionnelles.

Mais notre connectivité va nettement plus loin. Tous les liens que nous entretenons en tant qu'organisme en évolution constante se révèlent critiques dans notre développement physique, émotionnel et spirituel.

Sortir et se connecter à la nature – regarder les oiseaux, le coucher de soleil ou les étoiles – nous permet de nous relier à notre point d'origine, à la réalité de ce que nous sommes, à notre identité.

La nature nous force à l'honnêteté. Elle nous rappelle que nous ne sommes pas des « êtres supérieurs » descendus d'on ne sait quel nuage.

Nous avons tous nos propres façons de nous connecter, certaines très particulières. Moi, par exemple, quand je reste chez moi, je ne me sens pas vraiment complet, je ne suis pas dans l'eau aussi souvent que je le voudrais. Pourtant, je parviens à contrebalancer ce manque et ses effets sur mon mental grâce à un entraînement intense, à ma curiosité intellectuelle, à mes amis – des gens passionnants, positifs et qui ont des idées et des points de vue intéressants.

Je peux également chercher à développer de nouveaux projets, de nouvelles idées, comme une façon de stresser mon système.

Nous devons en effet ne jamais cesser de nous exercer, et comprendre que le plus important est sans doute de gérer les différents aspects de nous-mêmes. Cela fait partie d'un tout. Quand on sait que tout est connecté, on est forcément plus vigilant. On apprend à réagir, à rééquilibrer, corriger par des activités similaires ou radicalement différentes, ou encore par d'autres aspects complémentaires de nous et de nos vies – bref, à prendre la vague comme elle vient.

Quand je parle d'un tout, je pense aux deux aspects de notre être. Si je me contentais de trouver un dérivatif au manque de l'océan, ce ne serait que physique, et ça deviendrait une limitation.

C'est vrai que je suis quelqu'un de très physique – le côté « grosses vagues et muscu », ça fait presque macho.

Mais je ne crois pas être un macho. Ce qui m'intéresse, c'est de développer l'ensemble de moi-même, et pour cela l'agressivité et la force ne suffisent pas. Ce qui compte, c'est la connexion, l'honnêteté, le lien entre le courage physique et la sensibilité, la compassion. La nature veut que nous acceptions ces deux pôles, notre côté masculin et notre côté féminin. Elle veut que nous les comprenions, que nous nous connections à eux.

Si le but du jeu, c'est juste d'être le mâle dominant, tu vas peut-être gagner quelques combats et marquer des points, mais au bout du compte, tu finiras toujours par perdre. En particulier dans la nature – parce que tu n'utilises que la moitié de ton potentiel.

Dans mon monde, évidemment, c'est quelque chose que j'ai appris. J'ai eu la chance, en faisant ce que j'aime faire, de comprendre mes erreurs. Face à l'océan, il faut être entier, complet. Inutile de n'apporter que son agressivité, il te la renvoie en pleine face. Il faut apprendre à coexister avec lui, sans quoi on se fait mal.

C'est quelque chose qu'on comprend très vite quand on vit au contact de la nature, voire dans celle-ci. Les Hawaïens le savent. La mystique polynésienne est centrée sur cette connexion, sur ce respect. C'est une question de survie. Le fait d'être entouré par l'océan, de vivre avec lui, conditionne notre rapport au physique comme à la spiritualité.

Les anciens Hawaïens croyaient que le seul temps était le présent. Ils pensaient qu'il n'existait qu'une forme de vie, à laquelle ils appartenaient comme la terre, la mer et le ciel. Tout était relié par les liens *aka*, que l'on peut créer par des pensées ou des intentions. Ces liens sont les réceptacles et/ou les conducteurs du *mana*. On peut les activer par l'attention et la concentration.

CHRISTINA PRATT
An Encyclopedia of Shamanism
(*Encyclopédie du Chamanisme*, non traduit)

La conscience exige connectivité, patience et ouverture. Être physique, ce n'est pas juste s'élancer sur une vague avec une planche, ni même faire des heures de muscu en prévision.

L'océan en demande davantage – en tout cas, dans mon cas. Quand je surfe, mon cœur fait plus qu'envoyer du sang dans mes jambes et mon cerveau. Il n'est pas une simple centrifugeuse : il me relie à l'émotion et à l'énergie qui m'entoure. C'est la seule façon de faire ce que je fais.

Qu'elle soit intellectuelle, physique, financière ou spirituelle, aucune réussite n'est valable si elle n'est pas reliée à quelque chose de plus grand. L'humilité est nécessaire. Sans elle, on ne va nulle part.

J'ai un copain, sportif professionnel, à qui je dis parfois : « Quand tu passes ta vie dans des stades où cinquante mille personnes scandent ton nom, il faut absolument de temps à autre aller marcher seul en forêt ou s'asseoir sous un arbre. C'est la seule façon de contrebalancer les émotions énormes liées à ton quotidien, de t'éloigner de cette attention, de cette foire à l'ego et de tout le reste. »

La seule solution est la solitude. Il faut rétablir l'équilibre, trouver un moyen de s'ancrer, sans quoi on prend la grosse tête et on perd la réalité de vue. La tête est comme un dirigeable gonflé à l'hélium ; on décolle, on rompt les amarres... et la connexion au sol.

Notre lien à la nature, à sa capacité à nous soigner et nous aider, vient du fait que c'est là que nous avons passé la plus grande partie de notre évolution, de notre existence en tant qu'espèce. Plus de cent mille générations ont vécu au contact de la nature, et c'est ce qui nous a donné un grand nombre de pouvoirs... dont la plupart semblent oubliés. Je pense qu'il reste en nous de nombreux systèmes, boutons et commandes méconnus, liés à cette évolution.

La nature simplifie tout pour nous. Avec elle, pas la peine de choisir entre science et spiritualité. Elle est les deux à la fois, et elle est devant nous. Elle est tout ce que nous connaissons et aussi ce que nous ignorons en grande partie, notre horizon.

Nous sommes constitués par essence de cette nature : nous partageons 99 % de nos gènes avec les autres organismes vivants de la planète, avec les autres créatures, et ce, depuis les origines, depuis notre apparition en tant qu'espèce. Nous sommes la nature, au niveau des particules. La forme et les fonctions peuvent changer, mais le matériau de base est le même.

La nature est nous et nous sommes la nature. Nous devrions la regarder comme nous nous regardons dans un miroir. C'est peut-être pour ça que l'état actuel des océans m'inquiète autant. Une partie de moi est malade. Une partie de moi est touchée. Elle étouffe dans le plastique ; la surpêche et l'ignorance l'épuisent. Quand je me regarde en tant que créature dans le miroir de la nature, je souffre.

Voilà pourquoi la méditation est si populaire. C'est une façon de répondre à ce besoin de lien et d'équilibre. Il suffit de fermer les yeux un quart de seconde, d'écouter son souffle, pour sentir l'organisme au travail.

Nous devons faire l'effort de nous voir comme les minuscules particules de temps et d'espace que nous sommes. Plus on s'y oblige, plus il est facile de ressentir qu'il existe quelque chose de plus grand que nous. Il y a ce qu'on sait et ce qu'on ignore.

Là encore, il ne faut pas tirer sur le messager. Dans le monde actuel, beaucoup de gens sont très physiques, et c'est très bien. Ils courent le marathon, font des treks en montagne, des triathlons, des séries énormes en salle… mais ce n'est relié à rien d'autre qu'à l'ego. C'est, genre : « La nature ? La méditation ? Très peu pour moi. C'est un truc de hippies, comme les cristaux et les attrape-rêves. Ça ne me touche pas. Moi, je bosse, je suis en forme, je fais des trucs. J'aime la muscu, je n'ai pas le temps pour ces conneries de nature. »

D'accord. Tu n'as pas le temps pour la nature, pour l'espace – jusqu'au moment où tu tombes malade, où ta tête explose à force de se remplir de conneries. Et c'est ce qui se produira immanquablement, sauf à être un vrai psychopathe. À ce moment-là, soit tu vas te mettre à chercher un truc plus profond, soit tu vas disparaître dans tes propres abysses.

Ce n'est pas difficile, en plus. La méditation, c'est simple comme bonjour – parfois, d'ailleurs, c'est juste dire bonjour à quelqu'un, ou se promener dans un parc. Les plus petites choses fonctionnent : remarquer le changement de saison, le soleil sur un arbre, s'ouvrir à la nature... dès qu'on se connecte à ça, la vie devient plus belle.

La nature est en nous, et nous y réagissons de manière quantifiable. C'est prouvé par d'innombrables études scientifiques : être dans la nature nous fait du bien. La nature fait partie de la créature brillante que nous sommes.

Je le vois tout le temps. Dans des endroits préservés, en particulier des sites comme les plages, les montagnes ou les grottes, les gens disent toujours : « Mince, mais pourquoi ai-je l'impression qu'il me manque toujours quelque chose ? Tout est là, juste à portée de main. » C'est la vérité de base, l'honnêteté même.

Ce qu'il nous faut, c'est le rien. Je ne veux pas dire que nous n'avons aucun besoin ; ce qui nous fait du bien, c'est le vide que l'on ressent dans la nature.

Ce vide, on le rencontre souvent sur sa planche au milieu de l'océan, au milieu d'une forêt, en haut d'une montagne, etc. Avec ou sans compagnon, on se plonge dans l'isolement, de manière volontaire, et ça fait un bien fou.

C'est marrant, au fond : la plus délicieuse des connexions, c'est quand on se déconnecte de tout ce qui en général remplit nos vies. On se retrouve en lien avec quelque chose de beaucoup plus ancien et profond.

Voilà comment on retrouve l'humilité – sous un arbre, dans un jardin, face à la mer.

Nous ne sommes qu'un organisme parmi des milliards et des milliards d'autres, accroché à la surface d'une planète qui tourne à 1 700 km/h et se déplace à 100 000 km/h à travers des infinités de lumière et de matière noire constituant, selon notre compréhension limitée, le cosmos.

Alors, évidemment, quand on se raccroche à cette réalité, quand on le fait dans la nature, on recharge dans notre système quelque chose que l'on n'a pas dans les autres activités, dans la communauté, le style de vie, l'information ou l'éducation.

L'isolement, en tant que lien à la nature, voilà ce dont nous avons besoin. Comme le souffle, le lien à la nature est un don pour nous.

Nous sommes cantonnés à ce que nous donne la Nature.

LAIRD HAMILTON

Celle qui le touche vraiment, c'est le plus grand des professeurs : Mère Nature. Quand elle ne lui parle pas, il ressent un vrai manque, une attente insupportable. « Est-ce que les vagues reviendront ? Est-ce que je vais trouver le bon spot ? Et si je le trouve, serai-je capable de le surfer ? Est-ce que ça arrivera, cet hiver ou jamais ? » C'est un thème récurrent dans sa vie – la partie de lui qui attend sans cesse la vague. Ça le rend souvent triste, mélancolique, cette attente permanente. Si vous saviez combien de fois par jour il regarde la mer... Il a un instinct, c'est sûr – il sent que ça va arriver, mais il ne sait juste pas quand.

GABBY REECE
Épouse de Laird

Je pense que tant qu'on n'a pas compris ça, on ne peut que fuir le vide de notre vie et le remplir de tout ce qui nous tombe sous la main – on balance ce qui vient, sans jamais obtenir ce dont nous avons besoin.

Je trouve intéressant que le vert ait des propriétés apaisantes. C'est une couleur magique pour nous, en tant qu'espèce, et le symbole de la nature. Je ne sais pas ce qui vient en premier : est-ce que nous sommes attirés par la nature parce que le vert nous calme ? Ou bien notre goût pour cette couleur nous pousse-t-il à nous occuper d'elle ? Il est possible, aussi, que notre attirance pour le vert provienne du temps passé dans la nature sauvage. Impossible de le dire.

Mais je crois qu'une fois qu'on a compris l'importance d'un petit détail comme celui-ci – quand on montre un peu de respect pour les plantes, qu'on se connecte à la nature – les effets ne se font pas attendre.

Je parle de plantes comme je pourrais parler d'animaux domestiques : même en pot, elles constituent un moyen de se reconnecter à la nature. Si on se sent bien quand on marche dans un jardin ou une forêt, c'est qu'on est avec des amis.

Les arbres sont nos amis. Nous sommes liés à eux, et eux à nous, d'une façon aussi simple qu'extraordinaire. Nos existences sur cette Terre sont codépendantes : ils inspirent ce que nous expirons, nous respirons ce qu'ils rejettent. Je ne vois pas de lien aussi simple et absolu que celui-ci.

Se connecter est essentiel, et d'une grande simplicité. Marchez pieds nus. Regardez les étoiles. Vous en ressentirez tout de suite les bénéfices. C'est facile à mettre en place. Voilà pourquoi la respiration est importante, c'est un échange entre le monde et nous. C'est l'existence. C'est notre interaction avec le cosmos : chaque souffle est un échange avec lui.

Vous vous dites : « C'est bon, j'ai compris son histoire de connexion », mais vous vous demandez comment la mettre en place. Arrive-t-elle d'elle-même ? Est-ce qu'un jour on se réveille en se disant : « Ça y est, je suis connecté ! » ou faut-il réveiller cette capacité en nous ?

D'après moi, c'est un mélange des deux. Il faut tout simplement s'y mettre. On n'a rien sans rien. Pour apprendre quelque chose, de toute façon, c'est la base : suffisamment de répétitions pour que ça passe du conscient à l'inconscient. On parle de dix mille heures de pratique. C'est possible. En tout cas, c'est intéressant.

La conscience – conscience du souffle, de la connexion – est la fondation de cette relation, celle qui permet d'en récolter les fruits.

Au fond, comme toujours, ça revient au cœur, au fait que nous soyons connectés au monde qui nous entoure. Les champs électromagnétiques de notre corps nous relient à ceux des organismes qui nous entourent. Nous avons besoin de cette connectivité pour être entiers, complets.

C'est la relation entre ces deux aspects – la nature en nous et la nature autour de nous, leurs interactions – qui nous façonne. Bien sûr, tout dépend des circonstances, de la situation dans laquelle nous nous trouvons, mais nous devons être conscients, sans quoi nous ne sommes que des machines, incapables de s'ouvrir au monde qui nous entoure, de partager, d'être dans une relation réciproque.

Au fond, c'est le même genre de différence qu'entre « Je suis un régime sans savoir ce que ça me fait de manger » et « Tiens, j'ai mangé ça et je me sens gonflé ». *Ceci* me fait sentir *cela*, je réagis à ce que je ressens, aux effets sur moi. Mais parfois, mieux vaut commencer par prendre des notes pour améliorer sa sensibilité. Ça permet de simplifier les choses.

Donc : le souffle, la conscience, le cœur, la communauté, tous ces liens qui nous relient et nous soudent, voilà ce que j'appelle la connexion – et ce n'est pas ce que nous offrent les smartphones.

Je pense que notre monde de technologie numérique nous donne une idée un peu biaisée de la connectivité. Nous devons en prendre conscience. La technologie, c'est très bien, par exemple les applis et les sites qui nous permettent de tout mesurer. Nous partageons ces données, qui sont disséquées par des gens, des algorithmes, qui fixent des normes et des objectifs. Sauf que nous nous mesurons à une échelle bizarre, à une moyenne qui n'existe pas. Nous faisons comme si nous étions tous construits sur le même modèle. Nous nous comparons, à tout et à tous, en permanence.

Personnellement, côté statistiques, je suis pratiquement à mon maximum. C'est peut-être votre cas, peut-être pas. Mais qu'est-ce que ça signifie ? Je crois qu'au bout du compte, ça n'a aucune importance. D'accord, c'est distrayant, on peut s'amuser avec toutes ces applis de remise en forme et de performances. Mais honnêtement, peu importe que nous soyons ou pas à notre meilleur niveau. Pour le savoir, il faut avant tout pouvoir se connecter à soi-même, au niveau le plus profond. Car au final, chacun reste le meilleur juge de ça.

Chacun décide de dire : « C'est trop dur » ou « C'est trop facile ». Pas besoin d'échelle ou de programme. Parfois, pendant un entraînement, je sens que je suis dans la zone où je brûle des calories, mais mon cardio ou mon appli me disent le contraire. C'est très perturbant, souvent confus, et ça contredit l'intuition. C'est là que je dis stop.

Plus important, je me rends compte à ce moment-là que ça ne compte pas. Quand on se concentre trop sur les détails, on perd de vue l'objectif. Il faut toujours garder la connexion entre le but et les modalités de l'action – sans quoi, on s'épuise à la tâche.

C'est un peu comme ce qu'on appelle en programmation un « kludge » - quand on empile les couches de programmation les unes sur les autres pour aboutir à une solution aussi inélégante que peu efficace. Aujourd'hui, les gens commencent à ne plus pouvoir intégrer tout ce qu'on leur envoie. Suivre tel régime, écouter tels conseils, pratiquer tel sport, écouter telle émission... Nous avons besoin de processus durables, simples et basiques. À partir de là, on peut avoir des fonctionnements hyper efficaces, basés sur des algorithmes très simples. Nous devons nous défaire de la complexité.

KELLY STARRET
Fondateur du Crossfit

La technologie et les mesures scientifiques peuvent toutefois nous aider pour certaines réalisations. Je trouve intéressant d'apprendre à utiliser les différents types de cardiofréquencemètres, soit en tant que point de repère pour apprendre à ralentir rapidement son rythme cardiaque, soit pour découvrir à combien monte le cœur dans un sauna.

Il s'agit là d'usages spécifiques, qui servent à identifier ou confirmer un fonctionnement. « Tiens, c'est comme ça que ça marche » ou « Si je fais *ça*, il se produit *ça* ». Il y a toujours une place pour les instruments, mais essentiellement pour les recherches, n'est-ce pas ?

Mais quand ils prennent toute la place, quand on se contente de collecter les données en permanence et de tout comparer, on perd de vue l'objectif, et les instruments ne servent plus à rien.

Soyons clairs, néanmoins : la technologie, l'innovation qui permet à tout un chacun de disposer d'outils high-tech au creux de la main, change radicalement notre rapport au monde en tant que créatures.

En tout cas, elle a poussé beaucoup de gens à se bouger. Je pense à Fitbit et à tous les outils de mesures de données personnelles : oui, ils ont amené des millions de gens à faire du sport, à chercher à s'améliorer en permanence. Et c'est très bien.

Mettons que l'objectif soit de grimper une colline le plus vite possible. Les détails, c'est ce qui se passe sur le parcours : quelle piste choisir, quand récupérer, quand porter son effort ? Et ainsi de suite. Parfois, on est tellement dans ce questionnement, dans ces mesures, dans l'intelligence artificielle, qu'on perd de vue l'objectif : arriver en haut de la colline.

Je vis dans le milieu de la performance, et tous les gens que je rencontre – les sportifs professionnels, les équipes universitaires, les sociétés ou les groupes militaires que je conseille – ont du mal à suivre. Le problème des réseaux sociaux, c'est que nous sommes plus éloignés, moins soudés qu'avant. Aussi, j'essaie de trouver comment simplifier au maximum l'entraînement pour retrouver du temps libre, du temps de plaisir, d'émerveillement. Simplifier, voilà ce qui compte.

KELLY STARRET
Fondateur du Crossfit

On peut utiliser les instruments et les outils pour avancer. C'est un peu de savoir, voire de sagesse, une base de travail. Mais il ne faut jamais perdre de vue le lien entre ces outils et l'objectif.

Et une fois au sommet de la colline, arrêtez-vous un petit moment. Ne redescendez pas tout de suite pour attaquer une nouvelle course. Prenez votre temps. Si vous êtes monté jusque-là, c'était dans un but précis – voir d'un peu plus haut, sans doute. Pour vous tester. Alors, faites une pause. Vous le méritez.

Nous perdons cette capacité à nous arrêter. Tout s'accélère, l'immobilité disparaît. Et avec elle, la connexion.

Le plus drôle, c'est que toute cette technologie qui prétend nous faire gagner du temps nous en fait, au contraire, perdre beaucoup.

Hier, j'étais au volant, arrêté à un feu rouge. Dans la voiture à côté de moi, il y avait deux personnes, un homme et une femme, tous les deux en train de regarder leur smartphone. Le feu est passé au vert, j'ai démarré ; mais dans mon rétro, j'ai vu qu'ils n'avaient pas bougé, ils avaient toujours les yeux rivés sur leur téléphone. Je me suis demandé si c'était vraiment ça, l'évolution. Si c'était bien. En fait, avec ces trucs, on met notre vie en suspens la moitié du temps.

Pourtant, la technologie est censée nous aider à gagner du temps, à devenir plus efficace – c'est l'objectif affiché. Mais en général, ça ne fait qu'engendrer de nouveaux retards. Je pense au temps du mail, par exemple. Quand on négocie par courrier électronique, chacun dit ce qu'il a à dire, tour à tour, en prenant le temps de s'exprimer. Il faut, mettons, une semaine pour venir à bout du sujet. Face à face, ça n'aurait pas pris plus de dix minutes.

C'est le but de tous ceux qui bossent dans la réalité virtuelle ou les jeux vidéo : réduire la latence, le temps entre la commande et l'action. Faire que tout soit immédiat, sans *lag* ni *glitch* ni interférence. Mais au fond, ces temps morts nous retombent dessus. La technologie élimine tous les retards, et au bout du compte c'est nous qui poireautons le temps que ça charge.

Soyons clairs : la technologie, c'est fantastique. Impossible de prétendre le contraire. Dire : « Le progrès, c'est mal », c'est de la paresse intellectuelle, une façon de fuir ses responsabilités. De façon très humaine, nous adorons abuser des choses extraordinaires, nous adorons aller trop loin. C'est ce qu'on fait avec la nourriture, l'alcool, tout.

Là où je suis vraiment inquiet, c'est pour mes enfants ; eux viennent d'une ère où la technologie a toujours été présente. De cela, nous ignorons l'impact. Mais, d'instinct, nous sentons que tout n'est pas bon. C'est un peu comme à l'époque où les cigarettes, c'était *cool*, où tout le monde fumait et trouvait ça normal. Et au bout du compte, on s'est retrouvé avec de l'asthme ou de l'emphysème, pour ne pas parler des maladies plus graves.

Là encore, la technologie nous entraîne beaucoup plus loin que nous ne l'imaginons. Elle nous « recâble » entièrement, au niveau neurologique, dès le plus jeune âge. Nous n'en comprenons pas les implications à l'heure actuelle, mais aucune donnée ne semble indiquer que ce soit entièrement positif.

Ce qui m'inquiète, c'est que ça peut nous éloigner encore plus de l'état de connexion qui devrait être le nôtre. Plus de connexion virtuelle, c'est moins de connexion réelle, tout comme plus de vitesse, c'est plus de retard. Un schéma, somme toute, classique.

La technologie bien utilisée a des capacités phénoménales. Je peux tout savoir et tout connaître en un clic. Je peux prévoir la météo de la semaine – et m'organiser en conséquence – ou poser à Google toutes les questions qui me viennent à l'esprit. Il me donnera une réponse, même si ce n'est pas toujours la bonne.

C'est toute l'ironie du système : toute cette efficacité s'avère au final inefficace.

On est passé au langage de signes – on communique désormais par émojis. En cherchant l'intelligence, on devient plus bêtes. Ce qu'on voit chez les enfants, c'est qu'ils ont du mal à *faire*. Ils *font* moins de choses qu'avant.

Nous montrons une certaine complaisance à ce sujet. Le fait de pouvoir découvrir des milliers choses devrait nous motiver, nous encourager à nous émerveiller. Mais cela a l'effet contraire : on dirait qu'on a de plus en plus de mal à quitter le canapé pour agir, puisqu'on *voit* quelqu'un le faire. On agit désormais par procuration.

Les objets intelligents nous rendent souvent idiots, moins performants. Ils réduisent aussi notre monde. Nous oublions de lever les yeux, de nous engager. Nous regardons nos chaussures. Levez la tête. Regardez où vous allez. J'en suis la première victime – parfois, au volant, je me dis : « Ça suffit, pose ce truc ! »

Je crois qu'il nous faut un véritable effort, un effort conscient pour y parvenir. Les objets connectés ont leur intérêt, leur place, leur fonction – qui sont immenses. Ils ont des pouvoirs phénoménaux, mais nous devons apprendre à les lâcher un peu, à retrouver notre conscience.

Nous nous perdons littéralement dans les machines. Notre identité n'est plus seulement forgée par eux, mais entièrement *contenue* par eux.

Nous leur abandonnons la responsabilité de notre identité. Le travail nous fatigue. La mémoire ? Non, mieux vaut utiliser un outil qui me libère de cette responsabilité. Au final, toute la mémoire humaine va se retrouver sur quelques milliards de disques durs et de cartes mémoires, que plus personne ne consultera. Nous avons aujourd'hui des souvenirs Snapchat – qui s'évanouissent en quelques heures.

C'est effectivement quelque chose qui nous concerne tous. « Comment faire pour être musclé sans faire d'efforts ? » ou « Comment devenir intelligent sans lire de livres ? ». Nous cherchons, encore et toujours, la voie de la moindre résistance, dans tous les domaines. Pas question de manger quelque chose qui a mauvais goût pour me mettre en forme. Je veux quelque chose de bon ! Voilà pourquoi on retrouve du sucre partout, et pas seulement dans les bonbons et les sodas. Le vrai problème, c'est nous, notre fonctionnement, notre ADN.

Dans la nature, le goût sucré est synonyme de sécurité – quand un aliment est mûr, il est sucré et il est consommable sans danger. Encore une fois, sachant que notre espèce a évolué dans la nature pendant cent mille générations, ce n'est pas une mauvaise chose en soi, juste un réflexe inconscient. Du point de vue de la nutrition, nous en sommes encore à ce mode, et il n'y a guère de chances d'en sortir avant plusieurs millénaires, alors autant apprendre à vivre avec – parce qu'on ne change pas la génétique.

Notre ADN, ce qui nous programme, ne s'en va pas. C'est comme vouloir adapter des élèves à l'école, au lieu de changer l'école. L'école va bien, ce sont les gosses qui sont nuls. Changeons-les, à grands coups de Ritaline. Avec un peu de drogue, ils seront plus adaptés à un environnement qui les stresse, à des études difficiles. Encore une fois, il y a une déconnexion.

Jadis, la sagesse était respectée. On écoutait les aînés. Puis on a troqué la sagesse pour tout ce qui brille. Voilà ce qui a tout changé. Aujourd'hui, c'est plutôt : « OK, tu as la sagesse, mais ça m'empêche d'avoir un meilleur statut, plus d'argent, alors laisse-moi passer, d'accord ? » que : « Tu possèdes un savoir qui a de la valeur : je veux être près de toi pour l'apprendre. »

Même si, il faut l'admettre, nous avons eu aussi des problèmes avec les générations qui nous ont précédés, avec leur façon de gérer les choses et ce qu'ils ont fait ; le monde où ils vivaient influençait, et influence encore, leurs actions. Or, le monde actuel a changé, et beaucoup d'entre eux n'aiment pas ça. Nous les mettons à part pour cette raison. N'empêche que, je continue à le croire, le fait de ne pas respecter nos aînés et de refuser leur sagesse fait partie de nos grandes erreurs.

Les anciens ont pour eux l'expérience, ce sont des mémoires vivantes – il n'y a pas d'application qui remplace ça, n'est-ce pas ? Aucun programmeur adolescent n'a vécu autant de choses, et malheureusement, c'est ce qu'on oublie. Nous refusons de voir que les leçons de vie qu'ils peuvent nous apporter sont inestimables.

Parlons génétique. Si vous voulez connaître vos origines, les traditions culturelles et sociales auxquelles vous appartenez – comment vous êtes relié aux autres, comment ça fonctionne –, il faut vous tourner vers vos parents, et en particulier vos aînés.

À une époque, chaque fois qu'on posait une question, n'importe laquelle, il y avait toujours une tante ou une grand-mère pour vous dire : « Oh ! Tu tiens de ton grand-oncle » ou : « Ton grand-père était pareil. »

En tant qu'humains, nous avons besoin de ce type de connexion, de ces liens de famille qui nous définissent. Au final, elle nous en apprend beaucoup plus sur ce qui compte que la meilleure des applications du plus *smart* des smartphones.

La réponse à tout cela reste la méditation – le travail du souffle, l'exercice – qui nous rappelle où et qui nous sommes, d'où nous venons. Comment nous avons évolué. Nous avons besoin de ces rappels pour ne pas sombrer dans la complaisance.

Voilà comment évolue notre intelligence, le savoir accumulé, les essais et erreurs pour devenir plus efficaces. Cette recherche, au départ, vise à la survie : mieux cueillir, ramasser, entreposer, c'est se donner plus de chances. Les dernières avancées de la technologie ont mis le turbo à tout ça, l'ont propulsé en avant. Mais il y a un inconvénient à cela.

C'est comme les noix de macadamia. Si je dois les casser une par une, je n'en mange qu'une quantité limitée. Elles ont un coût. Il faut dépenser de l'énergie pour les trouver et les casser, et l'énergie est rare, voilà ce qui les rend précieuses. Nous sommes restreints dans notre capacité à en faire des excès.

Mais une fois qu'on a dépassé ce système, que l'effort s'est industrialisé, je peux m'acheter un gros sac de noix de macadamia et le descendre en un clin d'œil, jusqu'à m'en dégoûter.

Comment extraire de l'or sans pompe, tuyaux et pression ? On n'aurait que l'or que l'on trouve dans les rivières, pas davantage. Et ce, sans détruire l'écosystème.

On dit toujours que les cultures indigènes vivaient en harmonie avec l'environnement. Je ne suis pas sûr. Ce que je sais, c'est qu'elles n'avaient pas autant de moyens que nous pour la détruire.

Dans son ouvrage *Sapiens*, N. Harari nous dit que lorsque *Homo Sapiens* a débarqué en Australie, il a suffi de moins d'un siècle pour qu'en disparaissent vingt-cinq des plus grandes espèces de mammifères qui y vivaient. Même sans notre évolution actuelle, nous étions capables de tout détruire rapidement, de trouver comment surexploiter un système.

On dit des Indiens d'Amérique qu'ils avaient pour principe de ne rien faire qui puisse affecter l'environnement pour plus de sept générations.

Évidemment, quand on vit dans la nature, le lien à l'environnement est plus étroit ; on y prête davantage attention. Mais à partir du moment où on commence à construire des maisons et des structures habitables, on se met à perdre cette connexion.

Nous nous sommes isolés de la nature et, ce faisant, le lien, l'intimité avec elle, s'est distendu, ce qui nous rend de moins en moins attentifs. Moins d'attention, c'est moins d'intimité, de proximité. Loin des yeux, loin du cœur.

C'est le plus gros problème de l'océan : nous n'y sommes plus connectés. Il est moins observé que notre Galaxie, on en a à peine sondé 2 à 3 %. La moitié de la population mondiale n'en approche jamais, et ignore tout de lui. On jette notre merde dans le fleuve, le fleuve se jette dans l'océan ; ou bien encore, on charge tout dans un bateau et on le balance au large, pour que ça disparaisse au fond.

Qu'est-ce qui, en nous, nous pousse à agir de la sorte ? Au fond, tout est lié. Mais nous perdons cette vérité de vue. Nous devons apprendre à nous reconnecter. À retrouver le respect. À accueillir ce que nous savons et ce que nous ignorons, et à respecter les deux.

C'est là que se situe le plus bel échange entre science et spiritualité, même si ce terme paraît démodé, presque dangereux de nos jours.

Toute théorie qui accepte l'existence de quelque chose au-dessus de nous est présentée comme nébuleuse, débile ou trompeuse. Mais en réalité, nous n'arrivons même plus à croire à ce que nous savons. Nous oublions d'écouter la science, de remarquer comment les éléments s'affectent les uns les autres – le fait que tout est connecté, et pour de bon.

Il faut convaincre les gens qu'ils sont humains, qu'ils font partie de l'humanité et de son fonctionnement. Les aider à comprendre comment tout est connecté, relié, interdépendant.

Par exemple, il faut que davantage de gens comprennent que l'air venu de Chine ne met que sept jours à atteindre la Californie. Nous partageons le même air, la même mer, les mêmes forêts et les montagnes. Les écosystèmes du monde sont connectés les uns aux autres.

Voilà ce que je pense : plus il y a de gens qui aiment nager dans l'océan, plus il y a de gens qui se préoccupent de son état. Alors, si je peux avoir une influence sur le nombre de personnes qui pratiquent le paddle ou le kitesurf, je m'en servirai.

Il faut qu'on arrive à comprendre ça, à utiliser nos technologies immenses, la connexion que nous avons créée, pour relier tous les humains à l'océan qui nous a enfantés, aussi souvent que possible, pour les aider à comprendre que notre relation à lui est sacrée.

Mais nous devons aussi lâcher un peu nos écrans et regarder autour de nous ce qu'il se passe. La planète nous fait signe, le climat tire la sonnette d'alarme, mais, la tête dans le guidon, nous ne levons pas les yeux.

Souvenez-vous : l'évolution est plus maligne que nous. Et elle n'est pas l'apanage de notre espèce. Si nous n'y prenons pas garde, notre planète intelligente et évoluée finira par se purger toute seule des humains, façon : « Merci les gars, mais on est mieux sans vous, vous pouvez y aller, maintenant. »

Nous devons travailler à l'unification du savoir, à intégrer nos pratiques dans un ensemble de développement durable. Tout le monde ne peut pas se payer une formation spéciale ou un coach pour lui dire quoi faire ; il faut que chacun, chez soi, comprenne comment intégrer tout ça dans la vie réelle. Ce que j'aime chez Laird et Gabby, c'est qu'ils ont fait ça. Ce ne sont pas des moines. Ils travaillent plus dur et plus longtemps que tous les gens que je connais, ils ont leurs gosses et cinq boîtes différentes, et ils respectent ce qui a rendu tout ça possible, ils n'abîment rien.

KELLY STARRET
Fondateur du Crossfit

Nous devons continuer à évoluer, apprendre et grandir. Et pour cela, nous avons besoin de connexion, de la friction de l'expérience. C'est comme tailler une statue dans un bloc de marbre – on ne sait jamais quel coup de burin donnera la forme définitive, parce qu'il y en a des milliers. Et pourtant, tout ce qui nous rend humbles, reconnaissants, tout ce qui nous aide à apprécier les choses : voilà ce qui nous façonne réellement. Et peut-être pouvons-nous nous montrer plus méthodiques, moins empiriques dans notre approche, nous occuper de ce qui nous a sauvés.

C'est quelque chose qu'on ressent plus qu'on ne le pense. Prendre des décisions uniquement sur la raison, sans se servir de l'instinct ou de l'intuition, pour moi, ça n'a pas de sens. Comme je l'ai dit plus haut, le livre *Tous des héros* dit que l'émotion-clé est la compassion.

On ne peut être vraiment héroïque sans compassion, point final. Toute personne qui commet un acte héroïque agit par compassion. Et je crois que la compassion est un trait plutôt féminin.

La réussite de l'ego est frustrante. Au contraire, l'accomplissement de l'esprit et de l'âme est bien plus satisfaisant.

Je me suis rendu compte personnellement qu'on peut réussir les plus grandes choses, ce dont on a rêvé toute sa vie, mais que, si on a le cœur brisé, ça n'a aucun sens.

Il faut garder les choses en perspectives. Les réussites véritables, elles sont liées à la famille, aux amis. Je l'ai compris à Jaws[10]. Cela a été un moment de bascule pour moi.

[10] Spot de surf à Pe'ahi, sur l'île de Maui [NdT].

Notre autre aspect, en particulier chez les mâles, est lié à la chasse. On adore réussir, gagner. La réussite est notre proie. On se lance dans la bataille – quelle que soit la version moderne de la partie de chasse – pour la gloire ; mais pour que l'expérience soit complète, il faut que tout un village nous attende à notre retour. Sinon, à quoi bon ? La gloire vide est un sentiment solitaire.

Voilà pourquoi tant de gens qui accomplissent une tâche dont ils rêvaient depuis toujours se retrouvent si souvent déprimés : ils oublient que la satisfaction ne peut venir que d'un accomplissement complet, spirituel. Bien sûr, tout le monde n'est pas d'accord avec ça, mais cela reste vrai pour la plupart des gens que je connais.

Personnellement, je pense aujourd'hui beaucoup plus souvent à ma famille et à la femme que j'aime. Mais qu'il s'agisse d'amis, de pairs, de coéquipiers, l'essentiel est ce qui nous connecte aux autres. Voilà la vraie richesse, la vraie réussite.

Je pense que, avec ce qu'il a vécu,
Laird a du mal à faire confiance aux gens.
Longtemps, il a été en butte aux moqueries
et aux brutalités des autres, au moins jusqu'au lycée.
Mais les gens avec qui il s'est battu ont changé d'avis sur lui.
Ils le voient maintenant comme un guerrier hawaïen.
En fait, en un sens, il a gagné le respect de tout le monde.

COPPIN COLBURN
Ami de la famille Hamilton

Au bout du compte, pourquoi suis-je ici ? Pour ressentir. Tout ce qui compte, c'est mon expérience, non ?

Tout ce qu'on peut espérer, c'est d'apprendre à éviter certaines expériences, celles qui ne sont pas productives. Voilà ce que devrait être un apprentissage – le fait de tout expérimenter.

De quelles expériences je parle ? De l'inconnu. Il y en a toujours une partie dans notre vie. Ce que nous n'avons pas encore vécu, ce que nous ne comprenons pas. Les choses qui nous dépassent – jusqu'à ce qu'elles arrivent.

C'est particulier à chacun. Mon expérience n'est pas la tienne, la tienne n'est pas la sienne, etc. Alors, à la question du « Pourquoi ? », j'ai tendance à répondre que l'humain et l'expérience sont tout ce qui compte. Il s'agit de ressentir tout ce que signifie être humain. Dans mon monde, c'est ma relation avec l'océan, avec la famille, mes enfants, mes amis et mes émotions – toutes mes émotions.

Des émotions comme « Je n'ai jamais été aussi bien avec mes amis que maintenant », comme « Ma famille est géniale » ou « Ma famille est nulle », « Mes enfants sont super » ou « Mes enfants sont chiants », « Je suis trop fort » ou « Je ne vaux rien », « Je me suis fait mal » ou « Je ne me suis pas fait mal », « J'ai vaincu une grosse vague » ou « Je n'ai rien vaincu du tout ».

Tout nous connecte à ce que nous sommes, y compris nos échecs et nos imperfections.

Tu peux découper Laird et mettre les lamelles
sous un microscope, elles seront toutes identiques.
Il est qui il est, tout entier, et ça ne change pas.
C'est l'intégrité incarnée.
J'aimerais lui ressembler davantage, de ce point de vue.

KELLY STARRET
Fondateur du Crossfit

Je suis mauvais dans tout ce qui ne m'intéresse pas. Le problème, c'est que je ne m'intéresse qu'aux trucs où je suis bon. Voilà pourquoi je travaille pour m'améliorer dans les domaines qui ne me passionnent pas. Mon point de vue, c'est qu'on peut devenir meilleur en tout.

C'est peut-être ça, mon essence, ma friction, ma tension dynamique. Peut-être que je ne suis pas doué pour penser que je suis doué. Que je suis incapable de me contenter des choses où je suis bon – et ça peut devenir vraiment pénible. C'est douloureux, parce que je doute toujours, quoique les gens fassent ou disent.

Tous les objectifs que je me fixe sont hors de portée, ils ne cessent de s'éloigner ; parce que, même si je réussis, je me dis que je n'ai pas fait assez bien, ou que je pourrais faire mieux.

Si j'allais à l'école aujourd'hui en Californie, on aurait sans doute une dizaine de sigles et de définitions psychologiques pour résumer mes problèmes, et on me mettrait probablement sous Ritaline. Mais la question, c'est : est-ce que c'est un trait de caractère, une tendance organique, ou est-ce acquis ? Nature contre culture, toujours…

La liste de mes défauts est longue, mais le principal, c'est que j'ai du mal à changer le côté *addict* de ma personnalité – je n'y arrive pas. Néanmoins, c'est lié à ce que j'ai accompli, à ce que je suis.

J'ai de la chance d'avoir réussi à rester à l'écart des choses trop négatives. Je ne suis pas accro à la drogue, mes dépendances sont saines : je suis accro à la nourriture bio et au surf. Mais si je devais chercher un lien entre tous ces points, je pense qu'au fond, c'est que je me sens insuffisant en permanence. Je pense toujours : « Est-ce que je peux être plus fort, aller plus vite ? » C'est épuisant. Mais je m'améliore : d'accord, je ne tiens pas en place, mais je me suis enfin débarrassé d'une grande partie de la négativité et des doutes qui m'agitaient quand j'étais plus jeune.

Encore une fois, j'espère que j'apprends. J'espère que, avec le temps, on comprend à quel point tout ça est contre-productif, et toute l'énergie qu'on perd. On se rend compte que ça ne vaut pas la peine de mettre toute cette énergie négative dans la vie. C'est un équilibre.

Je crois que j'ai commencé à apprendre à me connecter à ma propre énergie, sans avoir besoin de la chercher à l'extérieur, y compris dans l'océan.

Ça m'a rendu moins dur, je crois. Au bout d'un certain temps, on commence à voir ce dont on a besoin pour être en équilibre. C'est le cycle de la vie : on part explorer le monde pour découvrir que tout ce dont a besoin était là depuis le début. On comprend qu'on est relié à des choses qu'on a toujours ignorées, et que ce qui nous semblait important ne l'est pas tellement. Comme l'océan.

C'est étrange de dire ça, de ma part. J'ai puisé tant d'énergie en lui, et un jour je me suis dit « Ça me suffit. » C'est perturbant. Mais au fond, c'est toujours comme ça. À un certain point, ce qui compte pour toi, ce qui te retient ici, qui fait partie de ton identité – qui *est* ton identité – perd de son importance. C'est comme ça.

Je n'en ai pas fini avec l'océan, qui reste une partie majeure de mon identité. Mais pendant longtemps, c'était le spot Jaws qui représentait ça. J'avais besoin d'y retourner, de prendre les vagues géantes pour montrer aux gens que je pouvais. C'était ma façon de ressentir mon identité, et je continuais.

À force d'y aller, de me lancer sur les vagues, j'ai accepté ce besoin, fait la paix avec lui. Aujourd'hui, il a disparu. Je ne suis plus ce boxeur qui ne s'arrête que quand il a pris un KO. Je n'ai plus ce besoin.

À Kaua'i, Laird mène sa vie de façon très ordinaire,
presque invisible. Mais vous savez, pour arriver à ça,
il a fallu qu'il fasse des trucs vraiment extraordinaires.
Pour passer inaperçu, il a dû pousser très loin.
Bien sûr, on le traite encore de temps en temps de *ha'ole*[11].
Mais ces dernières années, je l'ai vu dépasser ça.
Il a fait la paix avec ce problème – il a compris.
N'empêche que, pour devenir invisible,
juste pour pouvoir se balader en paix sur l'île,
il a dû faire ses preuves, et de façon souvent extrême.

GABBY REECE
Épouse de Laird

Mais je sais aussi que si ça continuait – si toute ma vie tournait toujours autour de l'océan, s'il me définissait, me consumait – ça m'irait bien. Encore une fois, c'est lié à la famille, aux amis, à ce qu'ils nous apportent de bien plus profond et qui nous permet de dépasser le reste. En grimpant au sommet, on voit mieux l'ensemble du paysage.

On se rend compte qu'on représente quelque chose pour sa communauté, sa tribu. Et quand on représente quelque chose, quoi que ce soit, ça nous aide à définir notre identité. On a moins besoin de réussir, de faire ses preuves, on peut se contenter de ce qu'on est dans le groupe, de l'importance du rôle qu'on y joue.

[11] Voir p. 24.

Ce qui compte, alors, c'est d'être un membre de la tribu.
Au fond, c'est peut-être tout ce que je cherchais.
Une famille. L'*ohana*. La connexion.

Entrepreneur aux pieds nus
Tout est connecté

Les meilleurs chefs d'entreprise et les dirigeants les plus en vue sont ceux qui comprennent que nous vivons dans un monde où tout est lié, et ce de façon de plus en plus rapide et inextricable du fait de la technologie et de l'hyperconnectivité.

Chaque secteur d'une entreprise affecte les autres. L'époque de la segmentation est révolue, elle n'est plus qu'un vestige du XXe siècle.

L'entreprise moderne, de la plus petite start-up à la multinationale, opère dans un monde ou l'interdépendance et la connexion sont des maîtres mots, non seulement pour améliorer les marges et la productivité, mais surtout pour créer une entreprise réellement innovante. Les grands patrons le savent de façon instinctive et l'appliquent à toutes leurs démarches.

Ce qui fait la différence entre l'échec et le succès, c'est la façon dont l'entreprise se cocrée avec les pairs et les partenaires, dont elle collabore avec les autres dans le secteur, dont elle réussit à équilibrer les règles de gouvernance et le focus produit dans un marché où le consommateur est roi ; dont elle prend soin de tous les rayons de sa roue – ses employés, ses objectifs, son engagement, ses ambitions, ses devoirs, à la fois envers la communauté qu'elle soutient et dont elle dépend, et envers le monde dans lequel elle se projette.

Laird et Gabby explorent ici les rouages de leurs entreprises, et comment ils parviennent à équilibre leurs activités et leur lien aux autres en fonction de leur éthique et de leurs engagements.

LAIRD Pour se lancer, pour être totalement engagé et au clair, pour être au top – pour évoluer sans entrave – il faut que tout soit au point, que toutes les pièces du puzzle s'assemblent. Une véritable harmonie à l'œuvre.

Peu importe qu'on parle d'un corps ou d'une entreprise : la règle reste la même.

J'ai essayé de faire de mon mieux quand j'étais déconnecté. Je sais ce que ça fait, comment ça peut vous atteindre, parfois de façon presque inconsciente. Ça tient parfois à quelque chose d'invisible, parfois à quelque chose d'évident : les jours où je me suis disputé avec ma famille ou mes amis, quand quelque chose ne tourne pas rond, je ne suis pas bien. C'est dans la tête, et ça empêche de faire ce qu'il faut. Parfois, c'est moins évident ; on se sent seulement à côté de la plaque. Quelque chose cloche, sans qu'on sache quoi. Moi, ça me donne l'impression d'avoir une roue voilée, de ne pas pouvoir avancer.

Tout est connecté, c'est comme ça. Dans les affaires comme dans la vie.

Quand un ou deux rayons sont détendus, la roue se voile, et on roule moins bien. On le sent : tout n'est pas optimal. En cela, la vie professionnelle n'est pas différente de la vie personnelle.

Parfois, c'est un minuscule déséquilibre qui crée ça. Quand tout va bien, quand on peut se donner à fond, on est libre, sans limites, sans blocage. Alors, le potentiel est à son maximum. Au travail, on dit qu'on est « adapté à l'objectif » – et ça désigne aussi bien les dirigeants que les managers, les fondateurs que les propriétaires, les produits et les services qu'ils vendent.

On ne peut pas vouloir une performance optimale sans prendre soin de tous les rayons de la roue. On ne peut pas atteindre le maximum sans s'occuper des gens avec qui on travaille, des relations qu'on a avec eux.

Inutile de demander aux gens de tout donner si vous ne savez pas ce qu'ils font au quotidien, et si vous ne respectez pas ça.

On ne peut pas d'un côté se montrer ouvert et généreux pour obtenir collaboration et innovation et d'un autre côté se ficher de tout – se montrer mesquin ou ne pas tenir compte de nos actes sur la planète ou sur les gens.

Une entreprise est honnête ou elle ne l'est pas. Si votre boîte a un côté toxique, si vous engendrez des effets négatifs pour atteindre votre objectif, ça réduit votre performance, ça pollue le succès.

Trop de boîtes préfèrent fermer les yeux sur ces signes. À force de grandir, elles se sont déconnectées de ce qui compte vraiment. Voilà pourquoi on en voit tant qui tentent de nier leurs responsabilités écologiques ou économiques, tout ça au nom du succès.

Il va être difficile de réparer ça – pour moi, la façon dont nous détruisons la planète et faisons souffrir l'environnement montre que nous ne sommes pas à notre optimum. À force d'industrialisation, nous infligeons des dommages énormes au vaisseau sur lequel nous voguons.

Ce que nous avons fait et faisons encore à notre environnement, l'impact de nos industries, et ce à tous les niveaux : je pense que les entreprises et leurs dirigeants doivent en être tenus pour responsables. Comme on dit, à quoi bon posséder le monde si on a perdu son âme ? À quoi ça sert d'avoir toujours plus d'argent, plus d'actions, plus d'entrées dans des clubs selects ?

En fait, le problème, c'est que certains pensent : « Après moi, le déluge. » Quand on ne pense qu'à soi, on se fiche du reste.

Pour moi, donc, personnellement et professionnellement, tout est connecté. Il faut juste faire attention. L'attention est au centre de tout, avec la compassion. C'est ce que j'appelle un vrai leadership, pas cette fausse autorité basée sur des postures qu'on voit si souvent, sans intérêt ni compassion pour les autres.

GABBY

Dans les affaires de Laird, j'ai un rôle de conseillère. Je suis celle qui comprend ses entreprises et qui le comprend, lui, intimement. C'est moi qui relie les points, qui joins le visible et l'invisible, ce qu'un agent ou un manager ne saurait pas faire.

Si je ne comprenais que Laird et pas ses affaires, il serait compliqué pour nos partenaires de travailler avec nous deux – qu'il s'agisse de diététique, de matériel de surf ou de stages XPT. Au fond, c'est à moi de comprendre la dynamique d'entreprise et son fonctionnement – puis de montrer à Laird ce qu'on attend de lui.

Cette intimité, cette intégrité dont nous sommes responsables ensemble, compte plus que tout à ses yeux. Il faut ne jamais perdre de vue la personne avec qui on travaille ; ce n'est pas parce qu'une idée est bonne qu'elle est bonne *pour elle*. Réciproquement, parfois l'idée n'est pas géniale mais elle fonctionne avec et pour cette personne.

J'ai l'impression que notre association fonctionne très bien parce qu'il me dit, au fond : « Je vais te faire confiance parce que tu m'as montré que je pouvais. » Il se fie entièrement à moi pour dénicher de nouvelles opportunités. De mon côté, ma responsabilité est qu'il se sente bien dans cet univers, et de trouver les bonnes personnes pour nous entourer.

Je pense en particulier à une proposition qui, sur le papier, semblait très intéressante. En même temps, j'ai senti que ça me dépassait ; alors, j'ai appelé James, un de nos conseillers, parce que je savais qu'il y avait des trucs qui m'échappaient, des nouveautés que je ne comprenais pas.

Ça fait partie de mon rôle : trouver la bonne équipe au bon moment. Mais la décision ultime, Laird la prend avec moi. C'est moi qui, au bout du compte, dis : « Voilà la proposition, voilà les aspects positifs et les aspects négatifs ; voilà le temps que ça exige de la part de Laird ; voilà nos prévisions, avec tel ou tel avantage, et voilà comment ça s'inscrit dans l'ensemble de notre écosystème. » Ensuite, il peut m'arriver d'ajouter : « Mais je pense que pour l'instant, ça ne vaut pas le coup. » C'est un peu une décision unilatérale, et c'est moi qui la prends.

Ça montre à quel point il me fait confiance.

Il part surfer, et quand il revient, l'affaire est conclue ou pas – et dans ce cas, on ne lui a pas fait perdre de temps.

Mon rôle est donc très différent de celui d'un agent ou d'un manager, et pour deux raisons, je crois. D'une part grâce à ma connaissance intime de qui il est, et d'autre part parce que je connais l'ensemble de ses affaires. Laird sait reconnaître un contrat équitable, il sait analyser des données économiques ; mais pour ce qui est de choisir un sponsor ou un partenaire, il n'est pas forcément à son aise.

Je n'ai pas non plus besoin qu'il me réponde tout de suite. Moi, je suis en position de lui dire : « Ça va prendre un peu de temps ; pour l'instant, ça ne nous ramènera pas grand-chose, mais dans l'ensemble, c'est intéressant pour nous. » La plupart des agents ne se préoccupent que du profit immédiat ; quand quelqu'un ou quelque chose ne leur rapporte pas, ils ne se donnent même pas la peine de répondre.

Ça nous est arrivé. Après avoir entendu quelqu'un me dire pour la vingtième fois : « Vous savez, on a cherché à vous joindre, mais votre agent ne nous a pas répondu », j'en ai eu marre. J'ai décidé de prendre les choses en main.

On rappelle les gens, même pour leur dire non. C'est professionnel – même quand c'est un lycéen de dix-sept ans qui veut interviewer Laird pour sa chaîne Youtube avec 612 abonnés. Je rappelle pour dire : « Merci pour l'invitation, Laird est très touché, mais il n'a pas suffisamment le temps en ce moment. » Je crois sincèrement qu'on doit répondre aux gens, quelle que soit leur importance. Ça ne prend que quelques minutes, et même si c'est « Non merci », c'est une façon de montrer du respect.

Parce qu'on récolte ce qu'on a semé. Parce qu'on est traité comme on traite les gens. Parce que tout est connecté.

Connecter les pointillés

La formule « Tout est lié » pour résumer la vie et notre façon de l'aborder pourrait ressembler à un poncif. Mais ce ne serait un poncif que si tout le monde en était réellement conscient et s'engageait à vivre en fonction de cet adage. Ce qui n'est pas le cas, et de loin. Nous nous éparpillons dans les apparences, les discussions, les environnements, les communautés, échangeant les anciennes structures solides au profit d'une modernité fluide. C'est dû à plusieurs facteurs : le déclin naturel des anciens systèmes d'autorité sur lesquels se fondaient les sociétés (la religion, les hiérarchies, les systèmes politiques et les modèles économiques) ; une culture de la gratification immédiate qui fuit et rejette tout ce qui ressemble à des cadres stricts ; un accès facilité à des plates-formes, des technologies et des systèmes qui nous permettent de vivre plusieurs vies à la fois sans nous frotter à des structures supérieures. Mais dans l'esprit de Laird, il n'y a rien dans ce vide hyperconnecté qui ressemble à une véritable connexion humaine. La technologie doit être au service de l'humain et non l'inverse. C'est un surcroît de conscience, un accélérateur, un ascenseur, mais ça ne peut pas la remplacer.

Comme le fait remarquer Laird, nous sommes encore loin de technologies « humaines ». Pour cela, il faudrait qu'elles aient une conscience. Le filtrage et le traitement algorithmique de données qui imitent la pensée humaine n'en sont pas. La conscience et les émotions restent des inconnues pour la technologie. Seul l'être humain a la responsabilité de ce qu'il est.

Ce que Laird imagine quand il parle de connexion n'a rien à voir avec un code ou un algorithme : il s'agit du brillant kaléidoscope d'interactions entre les êtres humains, du fil rouge qui nous relie à tous les autres organismes de la planète, dans les systèmes qui fonctionnent en nous, leurs relations entre eux et avec le monde qui les entoure. Il s'agit des relations pleines de sens que nous entretenons avec nos proches et nos enfants – et de la connexion à notre communauté et à l'environnement dans lequel nous vivons. Il s'agit, aussi, du lien indissoluble entre notre nature humaine et le capital de notre planète.

Dans le monde de Laird, la connexion est le matériau primitif que la technologie ne peut que pallier – et encore, de façon bien insuffisante. Pour lui, nous devons prendre soin de ce qui a été façonné par des centaines de milliers de générations, en ne pensant pas seulement aux dix dernières ou aux dix prochaines années. C'est le seul moyen de « connecter les pointillés », de trouver l'*équilibre*. Au bout du compte, c'est peut-être notre seule façon de trouver et de garder notre place dans le monde, en développant un sentiment d'*appartenance*. Voilà les deux notions sur lesquelles nous allons terminer.

Équilibre

Le mot « équilibre » est terriblement chargé de sens. Pour certains, il représente le nirvana, pour d'autres, c'est tout juste un tour de cirque, une façon de parler, une tendance ou un slogan creux.

Mais même à la considérer froidement et cyniquement (au sens propre), la notion d'équilibre – à travers ce qu'en montrent nos échanges avec Laird – se définit par un besoin humain très basique, à la fois physique, émotionnel, environnemental, mental et spirituel. Ce n'est pas, et de loin, une espèce d'état de grâce inaccessible, mais bien une condition de base de la survie. Que nous cherchions à construire un pont entre science et spiritualité, à cheminer entre ordre et chaos, ou à tracer notre chemin entre existence technologique et corps analogique, l'équilibre est l'objectif ultime. Et pour y parvenir, nous devons prendre en compte que tout est relié et interdépendant.

Appartenance

Pourquoi sommes-nous ici ? Quel est notre but ? Que faisons-nous ? Que cherchons-nous ? Ces questionnements existentiels sont ancrés dans un sentiment de non-appartenance. « Ai-je le droit de vivre ? Est-ce que je le mérite ? Quel est mon rôle ? » Au niveau universel, ce sont des questions qui ne concernent pas seulement le *pourquoi*, mais aussi le *comment* – comment faire partie de ce monde ? C'est une interrogation pertinente. L'appartenance est au fondement de la nature humaine, de notre sens du moi social, de la façon dont notre nature et nos actions valident notre existence.

Pour Laird, la base de ces questions est très simple. Pour nous les poser – pour avoir l'opportunité d'y penser – il a fallu que notre espèce survive, que nous nous offrions le luxe de prendre le temps d'y réfléchir, sans être bousculés par le danger ou la crainte de la faim, des éléments, des famines, des inondations, de la pauvreté, de la maladie ou de la guerre. Et cela n'a pu arriver que grâce à une succession ininterrompue d'actions. De façon ironique, pour s'interroger sur l'appartenance, il faut déjà s'être engagé, avoir pris la vie à bras-le-corps, avant de se poser des questions existentielles et autres soucis métaphysiques.

L'appartenance, selon Laird, c'est la survie, c'est se serrer les coudes – et, en plus, le faire de la façon la plus humaine possible. Non seulement nous avons survécu à la joute permanente avec la mort, mais nous l'avons fait sans perdre de vue ce qui nous rend humain : notre brillance, notre compassion.

Ohana

Dans la croyance hawaïenne, tout est connecté avec l'Unique, le quatrième niveau de conscience, baptisé *ike papakauna*. Cette connexion relie chaque être à l'univers par le biais des liens *akai*.

Une des forces principales de l'*ohana*, c'est qu'il nous rend tous frères et sœurs ; nous sommes tous reliés, que ce soit par le sang, l'expérience ou le but. Tous les êtres et toutes les choses sont connectés dans notre voyage. Famille et amis sont reliés entre eux et avec les immortels, comme l'*aumakua*, le dieu de la Famille. Dans un monde où seul le présent existe, les membres passés et futurs de l'*ohana* partagent le même univers.

La connexion des Hawaïens avec leur environnement immédiat, la nature qui les entoure et le cosmos où ils vivent est absolue. Ce lien à la terre est une source de fierté – ils se baptisent eux-mêmes *Keiki o ka'aiana*, Enfants de la Terre. En corrélation avec leur fibre écologique innée, qui les pousse à prendre soin de la nature et du monde à venir, il trace une ligne qui part de l'âme basse, passe par l'âme intermédiaire et s'élève vers l'âme supérieure, dessinant la forme de l'Unique.

Exercice : connecter les pointillés

Si on se réfère à ce livre, la façon la plus simple de relier les points et peut-être de connecter les différents thèmes que nous avons explorés.

L'engagement assure la performance, qui inspire la confiance ; et l'humilité nourrit la compassion, qui à son tour appelle la réciprocité pour créer un échange humain empathique. Cette réciprocité nous conduit à l'équilibre, et la confiance nous donne l'appartenance.

Ainsi, en exerçant ces aspects de nous-mêmes, on peut accéder à une vie plus pleine et riche de sens. Mais là encore, toute la question est de passer de la théorie à une pratique quotidienne : comment agir, où que nous nous trouvions, qui que nous soyons ?

Laird pratique chaque jour une série d'exercices simples, où qu'il se trouve et quoi qu'il arrive. Il s'agit de trois actions simples pour débuter la journée dans la cohérence.

Rallumer le feu. Faire le plein. S'ouvrir au monde.

Rallumer le feu, c'est déclencher les capteurs externes et les systèmes internes de l'organisme, avant d'affronter la journée. Ça passe par la température. Terminez votre douche avec de l'eau froide uniquement, en comptant jusqu'à 120, sans bouger. Laissez votre système se recalibrer – passer du choc initial à l'éveil intérieur et extérieur.

Faire le plein, c'est, dès le lever, se préparer à la journée. Pour Laird, c'est toujours café, avec un peu de crème pour tempérer le pic de caféine et prolonger la libération d'énergie. Il peut aussi prendre des œufs, avec éventuellement une tranche de pain de seigle. Le blé ou les autres céréales, noyées dans du lait saturé d'hormone de croissance bovine ? Pas question. Il veut rester en forme.

S'ouvrir au monde, c'est faire preuve de compassion, d'amour. Un sourire, un baiser, un câlin – tout ce qui montre notre connexion et notre engagement envers quelqu'un d'autre, qu'il s'agisse d'un enfant, d'un partenaire, d'un ami ou de notre animal de compagnie. Tout ce qui remplit le cœur est bon, et installe un climat de douceur, d'amitié, d'affection et de compassion dans la pièce. Nous voilà prêts à commencer la journée… avant même d'avoir quitté la maison !

ÉPILOGUE : LA MER

Si la mer était au-dessus de nous,
peut-être y ferait-on plus attention.

LAIRD HAMILTON

Nous avons entamé ce livre par la fin, la mort, et nous allons le conclure par le début, là où commence la vie.

Au cœur de Laird, au cœur de cet ouvrage, se trouve une vérité immuable, puissante et irrépressible, une vérité connectée à la fois à nos origines et à la destination de notre espèce : la mer.

De tout temps, les mers et les océans de notre planète se sont inscrits dans l'existence humaine, biologiquement, physiquement, organiquement, émotionnellement et, au bout du compte, spirituellement.

De l'invisible et du banal à l'extraordinaire, au remarquable, ils sont inextricablement liés à tous les aspects de notre existence. Nos gènes conservent les traces, à travers notre évolution, d'une proximité à la mer que nous ne faisons que commencer à comprendre.

Dans les traditions orales, la mer joue un rôle central depuis la nuit des temps. Elle modèle nos psychés en inspirant philosophes, écrivains, poètes, musiciens et peintres. Les océans sont la matière des mythes et des légendes qui ont fondé nos cultures et nos civilisations. Ils inspirent le goût de l'aventure et de l'héroïsme, mais aussi la crainte et le respect. Ils sont notre lumière et notre ombre, et notre existence est leur cadeau.

Si nous ne trouvons pas le moyen de stabiliser, sinon d'inverser, ce qui se passe dans nos océans – et ce, au plus vite – nous risquons de nous retrouver avec cette « Terre plate » qui hante les cauchemars de Laird : des océans moribonds, stagnants, suffocants et immobiles. Nous devons comprendre que nous sommes peut-être en train de tuer cette Terre que nous aimons. Alors, les *watermen* comme Laird devront abandonner leurs rêves pour se contenter de leurs souvenirs – parce que le futur ne promettra plus les vagues, la connexion et la richesse des océans qui faisaient battre leur cœur.

LAIRD

Ça va être dur de réparer ce que nous avons fait et ce que nous faisons encore à l'océan. Vu l'échelle et la complexité du problème, il va falloir établir des priorités.

Une des leçons de l'histoire climatique, c'est qu'à aucune période la Terre n'a connu une telle élévation de CO_2 dans l'atmosphère. Les êtres humains sont en train de mener une expérience globale qui implique le système naturel dans son entier.

PETER WADHAMS
A Farewell to Ice (*L'adieu à la glace*, non traduit)

Nous avons évolué depuis l'océan, la soupe primordiale. Nous devrions nous sentir plus connectés à lui.

Environ 70 % de l'oxygène terrestre est produit par du phytoplancton, des organismes monocellulaires qui flottent dans les océans. Ce sont eux qui font tout le travail, et eux qui m'inquiètent. On parle du trou dans la couche d'ozone, du réchauffement climatique et de l'atmosphère ; effectivement, ils sont très importants, mais pas forcément pour les raisons que l'on croit.

Ces organismes absorbent quelque chose comme 50 à 80 % du carbone, l'océan filtre ainsi plus la moitié des rejets de carbone de l'humanité chaque année. À lui seul, l'océan Antarctique, dit aussi Austral, en reçoit 20 à 25 %, ce qui en fait un rouage essentiel du climat mondial, de la façon dont notre écosystème est connecté et fonctionne, dont est créé l'air que nous respirons. La question se pose alors : comment agir, et selon quelles priorités ?

Je m'intéresse à plusieurs projets, dont l'un, qu'on m'a présenté, intitulé Project Zero, et dont le but est avant tout de chercher par où commencer – ce qui va changer les choses.

C'est lié à la planète – la terre et l'océan sont une seule et même chose. Tout est connecté : la terre, le climat, la fonte des glaces, c'est relié à l'océan. Et nous allons lutter pour protéger les quelques sanctuaires qui y demeurent.

À un certain point, pour contrôler réellement les choses, il faudra une armée pour défendre l'océan – presque une intervention militaire. On est prêt à défendre ce qu'on aime par le feu et par les bombes, alors pourquoi pas l'océan, notre bien le plus précieux ? De façon réaliste, il faudra sans doute une intervention armée pour stopper le massacre des requins et des baleines ainsi que la pollution de masse.

Mais ce n'est qu'un aspect du problème. Parce que, même avec un système de protection militaire des océans, les températures continueront à s'élever, et le niveau des mers avec elles. Nous aurons de la chance si nous parvenons à sauver quelques espèces dans les océans.

Je ne dis pas que je n'ai plus d'espoir, parce que je ne baisse jamais les bras, mais j'en suis au point où je crois qu'il faut que je fasse partager mon admiration pour l'océan, parce que c'est la seule façon de pousser les gens à participer, à agir. Voilà pourquoi je fais la promotion des sports que je pratique, de mon lien à l'océan.

Ce dont nous avons besoin, c'est d'information et de savoir. Comment protéger quelque chose dont nous ignorons tout ? Nous n'avons exploré, je crois, que 3 % des océans, mais nous avons réussi à en tuer 90 % des espèces.

Je pense que chacun peut jouer un rôle, même minuscule, dans le changement majeur dont nous avons besoin ; parce que supprimer les sacs plastique ou les pailles, ça ne suffira pas.

J'ai survolé le golfe du Mexique après une marée noire, et c'était terrible à voir. Nous n'avons aucune raison de forer le cœur de la planète à mille cinq cents mètres sous l'océan. Qu'est-ce que nous sommes en train de faire ? Nous engendrons un volume de destruction et de contamination inimaginable.

Et ce n'est pas seulement l'océan : ce sont aussi les rivières, qui s'y jettent, et tout ce que nous laissons les industries y balancer. Alors, oui, tout ce que je peux faire, c'est dire aux gens : « Venez voir l'océan. Venez vous y baigner, et vous comprendrez. »

S'y baigner, c'est l'aimer, participer et s'engager pour lui ; c'est, au moins, un pas vers la possibilité de le comprendre, puis d'établir des priorités et de décider de nos actions.

Il y a aussi des questions d'échelle. Certaines personnes s'occupent en particulier de cet aspect. Je pense aux chercheurs qui tentent de créer des coraux capables de vivre dans des eaux plus chaudes. Y parviendront-ils ? Peut-on repeupler les océans avec du corail ? Je garde l'espoir, mais ce sont des opérations d'une telle ampleur que je ne sais pas.

Il faut de toute façon que nous agissions tous ensemble et de concert. Plus on laisse traîner les désaccords, plus on tarde à passer à l'action. Ce sont les sceptiques qui nous empêchent d'agir.

Soyons clairs : pour comprendre le problème du corail, il faut comprendre l'état de l'océan ; et pour comprendre ce problème, il faut savoir comment fonctionne le réchauffement climatique, et comment lutter contre lui. Voilà l'ampleur de la tâche.

Si c'est l'océan qui vous préoccupe, la vraie question, c'est comment faire baisser les températures – parce que le réchauffement climatique se transmet aux océans, et le corail pourrait en mourir.

Voilà ce qu'il faut comprendre et accepter, avant de fixer des règles strictes.

Premièrement, il devrait être interdit de tuer les mammifères marins. Point final. En commençant par là, on va pouvoir travailler vers le reste. C'est ce que cherchent à imposer Sea Shepherd et d'autres groupes, mais il faut que ça aille plus loin. À ce niveau, les ONG et autres activistes ne suffisent plus : c'est aux gouvernements de prendre le relais. C'est un combat politique.

Pour remporter ce combat, il faut que l'océan acquière le statut géopolitique de pays – il lui faut un drapeau, une armée. Nous devons lutter par la force et par l'intelligence à la fois. Avec des lignes rouges clairement tracées : « Cet endroit est interdit », « Cette action est illégale ». Et des conséquences réelles pour ceux qui les enfreignent.

Il nous faut aussi de l'intelligence. Comprendre, accepter, agir avec compassion. Nous devons percevoir comment tout est connecté, et comment nous sommes nous-mêmes connectés au monde, une partie de lui.

Le Pacifique n'est en rien une immensité d'eau sans terre. On y trouve 25 000 îles, grandes ou petites, avec chacune son histoire, sa population et sa faune – des destins entrecroisés qui font de l'océan un véritable réseau de lignes invisibles, reliant les îles, les terres et les mers, avec des voies de navigation anciennes qui n'ont rien à envier à nos routes modernes guidées par ordinateur ; c'est ici que se sont terminés les plus grands voyages, ici aussi qu'ils ont commencé.

PHILIP HOARE
The Sea Inside (*La mer intérieure*, non traduit)

Mais agir seul, en tant que Laird Hamilton ? Je n'ai pas les moyens de lever assez de fonds pour y parvenir, même si je suis flatté qu'on ait pensé à moi.

On m'a demandé d'aller parler de ça à l'ONU. Parce que les gens commencent à se rendre compte, à changer d'avis. Pour certaines choses, c'est déjà trop tard, et la situation ne fait que s'aggraver de jour en jour.

Je pense au « 7e continent », la grande décharge d'ordures du Pacifique. Il est très compliqué d'agir à son sujet, car du point de vue biologique, c'est un sujet plus qu'épineux. Par quoi commencer ?

Mais nous avons des technologies incroyables et une capacité innée à l'innovation – et des gens très intelligents. Pour peu qu'ils s'attellent ensemble à la tâche, ils pourraient trouver des solutions.

Il nous faut néanmoins encourager les gens à aller dans ce sens. Malgré toute l'intelligence et la technologie du monde, quand il y va de leur survie – y compris à l'échelle d'un pays, d'une population – les gens prennent ce dont ils croient avoir besoin, agissent en fonction de leur intérêt propre. Si je n'ai pas assez à manger, si je souffre, ce n'est pas la peine de me parler des océans. Je me bats pour sauver ma peau, vous comprenez ?

Il n'est pas seulement question des besoins vitaux et de la mise à disposition des ressources pour chacun ; il faut aussi parler de consumérisme, du désir matériel sans fin. La question, c'est aussi que nous consommons bien plus que nos besoins vitaux ne le demandent. L'humanité doit se décider à ça, et les dirigeants de la planète doivent l'y aider.

Au bout du compte, qu'est-ce qui est le plus important : la survie des intérêts individuels, ou la survie des océans ?

L'histoire nous montre que nous choisissons toujours notre propre survie. Il est temps d'apprendre à arrêter cette réponse-réflexe, parce que la survie des espèces prime. En tant qu'espèce, nous allons droit dans le mur si nous n'en prenons pas conscience.

Nous devons mettre de côté les gains à court terme pour empêcher une catastrophe mondiale à long terme. Protéger nos océans et les utiliser de manière durable, c'est préserver la vie elle-même.

ANTONIO GUTERRES
Secrétaire général de l'ONU

Il faut arriver à ce que ce ne soit pas aux gens de choisir, de décider de leurs actes sur le sujet. Parce que, laissés à nous-mêmes, nous ne faisons pas toujours les bons choix. Or, nous n'avons ici qu'une seule possibilité. Si nous ne prenons pas soin des océans, qui le fera à notre place ?

Son implication lui donne une force insoupçonnée. Un jour, quelqu'un m'a dit qu'il avait vu Laird surfer à Point Dume[12]. Il était entouré par une bande de dauphins, et il s'amusait à communiquer avec eux en frappant sur sa planche avec son alliance. Il s'est fait emporter par une vague à ce moment-là, et les dauphins jouaient avec lui, juste à côté de sa tête. J'y vois un signe fort. C'est tout le pouvoir de Laird.

GABBY REECE
Épouse de Laird

[12] Un sport de surf à Malibu [NdT].

Ça revient à ce qu'on disait – au fait que nous sommes tous les enfants de la Terre. Nous sommes elle, elle est nous. Nous devons en prendre soin parce que nous y sommes liés, parce que tout est connecté.

Et quand on perd la capacité de se connecter à elle, à tout ce que la nature peut nous offrir, à tout ce qu'elle a mis en nous ; quand on perd la capacité à se connecter à la vie, à s'y engager corps et âme – il n'y a pas que les océans qui en pâtissent. Tout l'ensemble souffre.

Nous sommes en compétition avec la mort, et elle finira par gagner. Alors, autant faire que notre passage ici-bas en vaille la peine. Pour moi, c'est le sens de notre présence sur Terre : vivre la vie le plus pleinement possible. Tout ressentir, accueillir tous les cadeaux de la nature humaine. Faire tout ce dont nous sommes capables, ressentir tout ce qui est possible. Alors, on vit vraiment, une vie qui compte.

REMERCIEMENTS

LAIRD HAMILTON

Je veux remercier Julian pour son immense travail et ses recherches ; William Cawley, une source constante d'idée, de créativité et de soutien ; Jennifer Cawley pour sa capacité à me faire faire des choses extraordinaires sans même que je m'en rende compte. Merci à Gabby pour son soutien et son amour inépuisables, et pour être une partenaire d'aventure hors norme ; à Bela, Reece, et Brody, que j'aime et chéris, mes plus grands professeurs (à part l'océan).

JULIAN BORRA

Tous mes remerciements et ma reconnaissance vont à Laird et Gabby Reece pour leur patience, leurs conseils et l'inspiration qu'ils m'ont donnée en me permettant de vivre sous leur toit, dans leur vie, leur couple ; je remercie, pour leurs contributions et leurs souvenirs, Coppin Colburn, Terry Chung, Randall Wallace et Kelly Starret. Parmi mes partenaires et collaborateurs, je remercie pour leur contribution William et Jennifer Cawley, dans les heures de doute ; pour ses recherches rigoureuses, Katerina Cerna, qui donne du sens à mes élucubrations ; pour leur relecture, Vivienne Parry (OBE), Kelly Myer, Randall Wallace et le Dr Andy Saulter. Et enfin, ma plus vive gratitude va au soleil et à la lune de mon existence, Livia et Louis, dont les trajectoires guident le voyage de ma vie.